Weil es so ist wie es ist, ist es so wie es ist

von Klaus Händler

Eine einfache Weltbetrachtung und Wissensreise für Neugierige und nach dem Sinn von Allem Suchende.

Es kann bei den einen oder anderen zu Erkenntnissen führen, welche sein Weltbild verändert und birgt dadurch Gefahr aber auch eine Chance zu mehr Lebendigkeit.

Klaus Händler

Weil es so ist wie es ist, ist es so wie es ist

Impressum

Bibliografische Information der Deutschen Nationalbibliothek:
Die Deutsche Nationalbibliothek verzeichnet diese Publikation
in der Deutschen Nationalbibliografie; detaillierte
bibliografische Daten sind im Internet über http://dnb.dnb.de
abrufbar.

© 2025 Klaus Händler

Verlag: BoD · Books on Demand GmbH, Überseering 33, 22297
Hamburg, bod@bod.de
Druck: Libri Plureos GmbH, Friedensallee 273, 22763 Hamburg

ISBN: 978-3-7562-1756-4

Inhalt

Vorwort zur Auflage

Zum besseren Verständnis möchte ich bemerken, dass es sich hier um die aktuelle Überarbeitung einer Erstausgabe handelt.

Beim Malen und künstlerischen Gestalten stellte ich fest, dass durch Korrekturen, Fassetten entstehen, welche die Dinge verschönern und der Wahrheit näherbringen. Wer die ersten Bücher kennt, wird in diesem Buch hier in einigen Kapiteln grundsätzliche Änderungen finden. Warum das so ist, wird der Wissensreisende beim weiteren Lesen des Buches erfahren. Ich unternehme diese Reise gerne, denn das hier Niedergeschriebene bleibt wie bei jeder Reise nicht alles in meinem Gedächtnis. Die Erkenntnisse erscheinen, wie es bei einer Reise so ist, erst im Moment der Begegnung und verblassen immer ein wenig beim Verlassen. Und wie es so ist, bleibt oft nur das Hervorragende und Besondere in Erinnerung. Leider geriet dabei auch einiges in Vergessenheit. Erst beim erneuten Besuch findet man die vergessenen Erinnerungen wieder und entdeckt oft auch noch etwas Neues dazu.

Durchaus kann das Neue die ganze Ansicht verändern und man betrachtet alles mit anderen Augen. Dabei ist es keine Oberflächlichkeit beim ersten Betrachten, sondern der eigene Wissens- und Erkenntnisstand, welcher sich aufgrund von vielen weiteren Begegnungen durch das Sammeln von Informationen erweitert, die dann wiederum sogar das Neue erst erkennen lässt. Warum das so ist, wird im Buch erläutert. Ich wünsche allen Suchenden alles Gute auf ihrem Weg.

Einleitung

Dies hier ist der zweite Band zu einer Reihe von Weltbetrachtungen. Er ist hilfsweise entstanden und enthält dadurch auch Kapitel, die im ersten Band so behalten wurden.

Wir werden uns auch hier in die Welt der Teilchen und Energien begeben, um dann die Kausalität hinter den Dingen zu erkennen. Wie jede Wissensreise birgt diese hier auch Gefahren und Chancen. Viele werden erst gar nicht diese Reise antreten, da sie schon am Buchtitel scheitern. Aber dies ist kausal bedingt. Wer dieses Buch liest oder nicht liest, wurde bereits vom Leben bestimmt. Er oder sie hatte keine Wahl, so wie ich keine Wahl hatte, auf das Schreiben des Buches zu verzichten. Der Frage nach dem Warum das so ist, wird übrigens in diesem Buch nachgegangen.

Eine besondere Anordnung der Kapitel war für mich nicht notwendig, denn es geht immer nur um das Eine in seinen vielen Facetten. Wie ich es schon im ersten Buch erläutert habe, geht es darum, den tieferen Sinn, des in allem wirkenden Mechanismus aufzudecken, damit der Leser sich selbst ein Bild von der Wahrheit der Dinge machen kann.

Damit sich die Leserin oder der Leser zusammen mit dem Schreiber in einer Art informellen Irrgarten wiederfinden, wurde vieles vereinfacht und oberflächlich dargestellt. Dies konnte aber nicht in jeder Betrachtung so behandelt werden, denn Oberflächlichkeit birgt das Risiko, ein falsches Bild vom Beschriebenen bei der Leserin oder beim Leser zu erzeugen.

Das Mittelmaß zwischen tiefgründiger und oberflächlicher Betrachtung lässt sich nur mit ruhigem Denken finden, welches aber die Sache für die Leserin oder den Leser wiederum langweilig macht. Deshalb gibt es von allem etwas, denn ein kleiner Wellengang macht die Reise durch diese Welt interessanter und wirkt wie Zucker im Kaffee.

Fehler sind nicht zu vermeiden, da es zu viele Komponenten gibt, die es zu beachten gilt. Auch ist dem Schreiber das Talent zur Fehlerfreiheit nicht gegeben. Doch hier möchte ich argumentieren. Ein Besenstiel kann natürlich ein schöner Anblick sein, denn er ist klar strukturiert und fast fehlerfrei. Ein Baum ist voller Fehler, aber auch voller Perfektion und damit wunderschön.

Wenn ich hier schon behaupte, dass es in Wirklichkeit keine Fehler gibt und alles so, wie es ist, bereits perfekt ist, wird das einige Leserinnen oder Leser protestieren lassen. Diese haben mit ihrem Widerspruch sogar nicht einmal Unrecht. Denn auf der Bewusstseins- und Weltbetrachtungsebene, auf der wir Menschen uns befinden, gibt es Normen und Gesetze, damit Verständigung und damit ein Überleben sicher sind.

Diese, nennen wir sie Kriterien, muss der Mensch festlegen, damit er kommunizieren kann. Gestik und Sprache bilden dabei die Grundformen der Kommunikation.

Entstanden ist dies recht einfach, denn die kleinste Kommunikation ist auch die kleinste Bewegung, sogleich auch die kleinste Zeiteinheit und damit die ursprünglichste Handlung von allem.

Ja, und da fängt die Reise schon an. Denn sie beginnt bei dem Kleinsten, aus dem alles besteht, und das sind noch nicht mal die Teilchen, sondern die Energien, aus denen sie besteht.

Energien bestehen und erzeugen Polarisierungen. Sie gebe den Teilchen ihre Polarisierungen. Die Polarisierung erzeugt wiederum energetische Spannungen als Energien, die wiederum die Teilchen zwingen, sich zu bewegen.

Dabei tauschen sie die Plätze. Aber nicht irgendwie, nein, die Richtung wird hier wieder von der Polarisierung bestimmt. Die eigentliche Form entsteht aber erst durch das Wirken der kausalen Notwendigkeiten.

Ich erkläre es mal so: Besitzt die geschaffene Form Eigenschaften und Fähigkeiten, die ein Überleben sichern, bleibt sie bestehen und wird weiterentwickelt. Im anderen Fall zerfällt sie und schafft aber so wieder Bausteine für neuere Formen.

Nun ist das hier nur die Einleitung und soll nur einen Vorgeschmack geben, eben wie ein sogenannter „Gruß aus der Küche", welcher oft bei Gaststätten seinen Brauch hat. Sollte der Inhalt gelegentlich zu trocken sein, so empfehle ich ein Glas Wein, es geht aber auch jedes andere Getränk, nur sollte es wohldosiert sein, denn das hier hat es auch schon ein wenig in sich.

Meiner Danksagung gilt dem, der dies hier liest, denn das ist dem Schreiber schon Dank genug.

Sein ohne höhere Macht

Leider konnte ich als Kind nicht wissen, dass es sich bei jeder Betrachtung der Dinge um eine Betrachtung des Göttlichen handelt.

War es doch bei mir die materialistische Erziehung und Ausbildung, welche mich noch heute am Glauben zweifeln und eher am Praktischen orientieren lässt. Trotzdem gehe ich gelegentlich den Weg des Glaubens, da von hier aus, für die Menschen die Reise zur Wahrheit über die Dinge begonnen hat.

Der idealistische Weg des Marxismus, der religiöse Weg der Christen und der, an der Gegenwart orientierte Weg der Buddhisten haben mir sehr geholfen, führten aber leider immer in eine Sackgasse. Wie gesagt waren und sind die genannten Lehren für mich Brücken zu neuen Wegen, oder sind Teile davon noch heute Pfeiler meiner Weltanschauung.

Bei allen Wegen löste die erste Begegnung, welche ich eher mit einem Erahnen als mit Wissen machte, die schönsten Glücksgefühle in meinem Leben aus.

Die Widersprüche und Widerstände, welche mir ständig bei der Umsetzung dieser Theorien in die Praxis begegneten, erzeugten dann doch in mir immer ein Gefühl der Unzufriedenheit, spornten mich aber an, mit der Suche fortzufahren.

Vor einiger Zeit war ich noch der Meinung, dass es wohl am Wissensstand liegen muss, wenn Erkenntnis nicht stattfindet. Erst jetzt, mit der Erkenntnis, weiß ich, dass Wissen allein nicht ausreicht, sondern es geduldiges Beschäftigen mit dem Thema und auch Zeit bedarf.

Die, durch die Erziehung in der Kindheit geschaffene Weltbetrachtung zu korrigieren, zu ergänzen und oft auch anders zu werten, um dann die Wirklichkeit zu erkennen, war nun mal keine einfache Sache für mich. Um es mit dem alten Spruch „Du siehst den Wald vor lauter Bäume nicht" zu erklären. Man sieht die vielen Bäume und denkt, die Lehrer hätten doch gesagt, dass es hier irgendwo einen Wald geben muss, und man schaut und schaut, sieht aber nur verschiedene Bäume. Man versucht, die Bäume zu ergründen, die Baumansammlungen zu beschreiben, setzt sich sogar davor und schaut sie stundenlang an, umarmt den einen oder anderen Baum und schafft es auch, der Baumansammlung einen Namen zu geben. Dies passiert, bis man auf einmal aufwacht. Man geht ins Haus ans Bücherregal und, um sich ganz sicher zu sein, liest man nochmals im Lexikon oder am PC im Internet die Definition über den Begriff Wald durch, damit es dann einen wie Schuppen von den Augen fällt.

Dazu gibt es eine berühmte Geschichte aus dem Zen-Buddhismus. In dieser bekommt ein Bettler von einem alten Mann eine Kiste geschenkt, welche dieser dann immer zum Sitzen am Straßenrand benutzt, um nicht auf dem kalten Boden sitzen zu müssen. Der alte Mann trifft den Bettler später abermals und fragt diesen verwundert, warum er noch betteln würde, er hätte ihm doch eine Kiste voller Gold geschenkt.

Meine hauptsächliche Erkenntnis hatte mit dem zu tun, nach welchem meine in Selbstzweifeln verstrickte Seele so krampfhaft suchte. Ich erkannte, dass die Grundlage von Allem eine einzige „Bejahung" ist, welche die Religionen und Weisheitslehrer als „die allem zugrunde liegende

Liebe" bezeichnen. Sie besagt, dass selbst ein Nein ein Ja ist.

Der Liebesbegriff wird am meisten im Kontext der partnerschaftlichen Beziehung verwendet. Dieses Bild finde ich gar nicht so schlecht und will es nutzen, um mein Wissen darüber zu erläutern.

In der Partnerschaft geht es um ein Gefühl, das alles um einen herum in ein absolut positives Licht darstellt, und genauso wirkt die alles zugrunde liegende Liebe. Sie sagt zu allem Ja und man findet sie auch in allen Dingen und kann sie dort am Wirken, Antreiben, Trennen, Zerstören, Töten, Zusammenfügen und Heilen sowie Neuerschaffen beobachten. Selbst Hass und Ablehnung sind die alles zugrunde liegende Liebe.

Hier möchte ich dem Leser eine lächerlich klingende Beschreibung zum Nachdenken geben:

Der Grund, warum alles da ist, ist, dass alles da ist. Es bedeutet: Weil alles da ist, ist alles da, denn wäre nicht alles da, gäbe es das alles hier nicht.

Der Sinn des Lebens ist somit das Leben selbst. Wenn das schon das Ende aller Weisheit wäre, könnte ich hier bereits schließen, aber so einfach ist es nun auch wieder nicht.

Mit der zuvor genannten Erkenntnis war der Weg zum Wissen etwas weniger steinig. Auch erschlossen sich mir dadurch beim Aneignen von Wissensbausteinen logische und funktionelle Zusammenhänge, welche im Alltag existieren und auch so im Universum funktionieren.

Zum Beispiel sah ich, dass das Leben bei Entscheidungen auf dasselbe kausale Auswahlprinzip zugreift, wie ich es aus der Computerprogrammierung kannte. Es ist das sogenannte Eins-Null- oder, einfacher gesagt, Ja-Nein-Auswahlverfahren. Es bildet die Grundlage für das kausale

Auswahlverfahren, welches aus meiner Sicht das ganze Universum steuert.

Dieses Verfahren dient nicht nur dem einen Ziel, und zwar der Erhaltung des Ganzen, sondern ist die einzige Möglichkeit und Basis, auf der Entwicklung stattfinden kann.

Ein „Vielleicht" würde die Entwicklung hemmen und zum Stillstand führen. Das bedeutet, ohne dieses Auswahlverfahren gäbe es nichts. Denn Energie, also Leben, muss fließen, sonst ist es keine Energie, genauer gesagt kein Leben. Es wäre nicht nur tot, sondern absolutes Nichts. Das Vielleicht, das wir kennen, ist demnach auch letztlich ein Ja oder Nein, nur nicht sofort sichtbar, sondern nur an seiner Wirkung zu erkennen. Ein göttliches Wesen müsste, so komisch es auch klingen mag, auf dieselbe Steuerung zurückgreifen.

Da das bis hierher Gesagte immer noch eine gewisse Oberflächlichkeit besitzt, möchte ich hier etwas tiefer schürfen.

Im Alten Testament der Bibel steht zur Entstehung des Menschen sinngemäß (1) Gott nahm einen Erdklumpen und hauchte ihm Leben ein. Und hier kommen wir zur Wissenschaft, und zwar der Teilchenphysik (2).

Was ich jetzt versuche nahezubringen, sind mir einleuchtende Denkmodelle, welche erklären, wie alles funktionieren muss. Mit Glauben hat dies hier deshalb nichts mehr zu tun. Hier gibt es keine andere Möglichkeit, da nur so die Rechnung zum Schluss aufgeht. Auch wenn dieser Schluss in der Unendlichkeit liegt.

Physiker, Forscher, Wissenschaftler und Weisheitslehrer haben dies in ihrer eigenen oder ähnlicher Form schon dargestellt und publiziert. Meine Absicht soll, und hier wiederhole ich mich wieder, nur ergänzen oder zu weiteren Überlegungen anregen.

Meiner Meinung nach, und da bin ich nicht der einzige, besteht diese Welt nur aus Energie, denn die Teilchen, von denen ich dachte, dass sie der materielle Anteil wären, sind auch nur komprimierte Energie.

Das ist übrigens die neue Erkenntnis, welche es notwendig machte, dieses Buch neu aufzulegen.

Diese Teilchen sind es aber, welche aufgrund ihrer energetischen Eigenschaften die Substanz sind, aus der dieses Universum besteht.

Jedes Teilchen hat seine eigenen individuellen Eigenschaften und ist somit in seiner Beschaffenheit einzigartig. Es gibt nur ähnliche, aber keine zwei gleichen.

Sie sind unterschiedlich in ihrer Polarität, raumlos miteinander verbunden und besitzen die kleinste räumliche Ausdehnung.

Damit bilden die Teilchen in der Menge die Formen und erzeugen aufgrund ihrer unterschiedlichen Polarität die Energien.

Sie bleiben trotzdem immer für sich, sind unteilbar und können mit keinem anderen Teilchen denselben Raum einnehmen.

Ein Puzzle ist ein gutes Modell für diese Teilchenbeschreibung, wobei man hier die Hohlräume wegdenken muss.

Übrigens findet beim Bowling oder Kegeln diese Eigenschaft „Wo ein Gegenstand sich befindet, kann kein Zweiter sein" ihre Anwendung.

Nun werden einige fragen, woher ich das weiß. Wie bereits gesagt: Wissen allein ist dazu nicht ausreichend. Vieles davon habe ich in der Schule gelernt, später in Büchern erfahren und durch aufmerksames Beobachten und logisches Denken erworben.

Es sind oft unumstritten logische Schlussfolgerungen, welche leider nicht immer gleich offensichtlich erscheinen.

Zum Beispiel kam mir die wesentlichste Erkenntnis erst, als ich mich mit dem buddhistischen Thema zu dem Vorhandensein eines Handelnden beschäftigte.

Die logische Schlüssigkeit des hier beschriebenen, lässt mich sogar behaupten, dass dieses hier der Wahrheit näherliegt als andere Modelle.

Bei näherer Betrachtung erinnerte ich mich noch an den, in der Schule beigebrachten, Energieerhaltungssatz, welcher hier alles eher bestätigt, als bezweifeln lässt. Denn meiner Meinung nach, besagt dieser Satz, dass Energien nicht verloren gehen, sondern sich nur umwandeln, die Summe aller Energien aber immer die gleiche bleibt.

Es geht also nichts verloren und es kommt aber auch nichts dazu.

Die Mathematik liefert hier die besten Beweise und wird zur Beweisführung von den Wissenschaftlern sogar mit herangezogen.

Die Teilchen haben logischerweise keine Herkunft und bilden, wie gesagt, das Ganze hier, und sie bewegen sich auch nur in dem Ganzen.

Der Antrieb erfolgt mittels der Energien, aus denen sie bestehen, und die Kausalität, bestimmt, durch das Auswahlverfahren die Bewegungs- und Entwicklungs-richtungen.

Für mich sieht es so aus, dass Teichen, deren Energien und die Kausalität die Grundlagen des Universums bilden.

Sie bestimmen und gewährleisten das Vorhandensein, den Erhalt und das Überleben des Ganzen.

Eine Art eigenständiger Wille, wenn man das hier mal so nennen möchte, gibt es nicht, oder wenn, dann nur als Ganzes. Es ist in Wirklichkeit nur ein Funktionieren.

Ein Wille setzt etwas Wollendes voraus, welches nicht der Kausalität unterläge. Es kann nicht Teil sein, sondern es muss das Ganze sein. Ob es will oder nicht, kann es nur mit den vorhandenen Gesetzmäßigkeiten handeln.

Es kann weder Energien und Teilchen im Nichts auflösen, noch aus dem Nichts erschaffen.

Es ist, wie zuvor erwähnt, alles und damit keine für sich existierende Form. Die Buddhisten würden es sogar als formloses Nichts bezeichnen.

Da es alles und nichts Losgelöstes ist, würde dieses Etwas zwar alle Energien und Massen beinhalten, kann diese aber nichts willentlich ändern. Jede Änderung würde immer alles verändern, denn schließlich ist letztlich die Kausalität, die die Richtung bestimmt.

Kausalität bedeutet dabei ja nichts anderes als: Es funktioniert oder es funktioniert nicht. Wenn dieses also Änderungen vornehmen wollte, müsste es diese unweigerlich aus kausalen Ketten entnehmen, um sie dann wieder in solche zu integrieren. Aus meiner Sicht ist dies unmöglich, denn es würde damit ein Universum zerstören und ein neues erschaffen.

Nun setzen wir hier noch eins drauf und gehen mal davon aus, es könnte Teilchenpolarisierungen ändern.

Änderungen von Polarisierungen lassen sich, wenn überhaupt, nur mittels Energie vornehmen.

Zirkulierende Energien sind an Teilchen gebunden, die diese Energien erzeugen, und bewegen sich damit nur in deren Beisein.

Da aber alle Teilchen und Energien ihren Platz und ihre Funktion im Universum nicht aus reiner Langeweile haben, sondern die Kausalität, sie dahin gelotst, hat, wo sie sich jetzt befinden, kann auch ein Wille sie dort nicht einfach wegbeordern.

Damit wiederhole ich: Ohne Teilchen und zirkulierende Energien, welche kausal miteinander agieren, gäbe es nichts, kein alles steuerndes Etwas, nicht einmal Leere, denn die im Zen genannte Leere ist auch nur Fülle, und womit diese gefüllt ist, habe ich bereits erklärt.

Da wir die Fülle aber mit unseren Sensoren erfassen, gibt es nur eine Schlussfolgerung und die heißt: „Es gibt kein NICHTS!"

Das viel benutzte Modell vom Ozean und dessen Wellen ist hier zwar hilfreich, trifft aber nicht ganz den Kern. Für mich ist das Bild vom Fisch im Ozean eher zutreffend, wobei es außer dem Wasser und dessen Inhalt nichts anderes geben darf.

Die Energie der Teilchen erzeugt und bestimmt deren Polarität. Diese Polarität lässt die Kräfte und Spannungen entstehen, welche die Teilchen wiederum bewegt und zu Formen verbindet.

Wir kennen die Polarisierungen als positiv und negativ, hoch und tief bis zu schön und hässlich. Spätestens jetzt ist für den Leser erkenntlich, dass auch wir Menschen nur eine dieser aus vielen Teilchen und Energien zusammengesetzten Formen sind, welche mit den anderen Formen eine Einheit und schlussendlich das ganze Universum bilden.

Unsere Vorstellung, dass wir getrennt von den Dingen unseres Umfeldes existieren, ist eine Art Wahrnehmung, welche – und hier kann ich nur den Psychologen und Weisheitslehrern zustimmen – aufgrund eines kausalen Lernverfahrens des Gehirns so entstanden ist.

Diese Art der Wahrnehmung, dient als Schutzfunktion zur Erhaltung und Entwicklung der Art, da nur das, was sich getrennt wahrnimmt, gegen etwas getrennt Wahrgenommenes verteidigen kann.

Das Auswahlverfahren, das dabei zur Anwendung kommt, funktioniert, wie schon zuvor gesagt, nach dem kausalen Ja-Nein-Prinzip, wie es in der Computer-programmierung, mit den Zahlen 0 und 1 dargestellt wird.

Vereinfacht auf das Leben übersetzt heißt dies, dass es sich hier um Weggabelungen mit zwei Ausgängen handelt. Der eine Ausgang funktioniert und ist vergleichbar mit der Zahl 1, und der andere funktioniert nicht und ist somit vergleichbar mit der Zahl 0.

Auf die jeweiligen Formen bezogen heißt das so viel wie: „Erzeugt die Entscheidung Vermehrung und Entwicklung, dann überlebt es und bleibt im Rennen, im anderen Fall wird es wieder zerlegt und dient zur Entstehung der nächsten Form."

Auf Grundlage dieser Erkenntnis stimme ich der Aussage von einigen Lehrern und Lehren zu, dass es nur Entscheidungen gibt, aber kein Entscheidendes. Mit Entscheidendem ist die Form der Person gemeint.

Das Interessante an der Person ist, dass es sich hier aus meiner Sicht nicht um eine stoffliche, sondern eine eher auf stofflicher Basis bestehende virtuelle Form handelt. Was ich aus vielen Schriften sinngemäß dazu erlesen und für mich selbst erkennen konnte, ist, dass die menschliche Form aus vielen kleineren stofflichen Formen besteht, die in Verbindung mit den sich im Umfeld befindlichen Formen eine neuartige, nichtstoffliche Form erzeugt. Diese virtuelle Form benötigt nicht nur stoffliche Formen, sondern auch virtuelle Formen jeglicher Art, welche sie zum größten Teil dann auch noch selbst erzeugt.

Mich versetzt dieses Meisterwerk der kausalen Entwicklung des Universums immer wieder ins Staunen. Es bestätigt die Erkenntnis, dass sich das Universum mit und durch uns Menschen nicht nur, wie bei allen mit Sensoren ausgestatteten Lebewesen, fühlt, schmeckt, riecht und sieht, sondern selbst erkennt. So gesehen, bildet das Universum für mich insgesamt eine Art kausal handelnder Organismus. Er, oder besser es, ist etwas, aus dem alles ist und das alles ist.

Das oft hierfür in Verbindung gebrachte Wort, Bewusstsein, ist die virtuelle Form, vergleichbar mit einer Leinwand, auf der sich das Universum widerspiegelt. Vermutlich kann unser Gehirn, welches auch aus dem Nichtzu-erkennenden besteht, dies in seiner jetzigen Struktur bzw. Funktion nur erahnen.

In dem Allen hier ist Göttlichkeit, aber kein losgelöstes Ding, sondern nur ein, in seiner unendlichen Vielfalt bestehendes, auf der Basis kausaler Gesetzmäßigkeit sich entwickelndes Ganzes, das nur wegen sich selbst und durch sich selbst existiert. Meinetwegen gebe jeder der

Sache den Namen, den er möchte, ich werde keinen nennen, und das ist auch kausal bedingt.

1. Bibel, Altes Testament, Gen 2, 4–7
2. Die Teilchenphysik widmet sich als Disziplin der Physik der Erforschung der Teilchen, insbesondere der Elementarteilchen.
https://de.wikipedia.org/wiki/Teilchenphysik

Die Ordnung der Dinge

Wer kennt das nicht, man macht sich einen Plan und dann kommt alles anders. Kaum einer käme dabei auf die Idee, dass es sich hier um die Auswirkungen eines kausalen Auswahlverfahrens in seiner reinsten Form handelt.

Das Ja-Nein, Eins-Null- oder auch Auf-Zu Prinzip, mit den beiden Basisrichtungen, ist dabei die Grundlage für Entstehung und Veränderung jeglicher Formen (Dinge).

Das Bild vom Labyrinth erklärt meiner Meinung nach, die Sache am anschaulichsten. Im Labyrinth gibt es Sackgassen und Wege, die weiterführen. Ob es sich bei einem Weg, den man beschreitet, um eine Sackgasse handelt oder ob es der Weg ist, welcher einen weiterführt, ist nicht sofort erkennbar.

Im Universum ist es ähnlich, wobei hier Sackgassen und Weiterführungen von den Eigenschaften bestimmt werden.

Besitzt der Weg Eigenschaften, die ein Überleben sichern, eine Vermehrung gewährleisten und damit eine

Weiterentwicklung ermöglichen, wird er vorerst weiterführend sein.

Sackgassen besitzen diese Eigenschaften nicht, genauer gesagt können sie diese nicht ausreichend anbieten und führen dadurch früher oder später zum Zerfall der Form.

Der Zerfall ist aber anderseits auch wiederum für neue Entwicklungen sehr nützlich und sogar unbedingt notwendig.

Deshalb ist jede Entscheidung richtig. Mag sie auch mit Tod und Untergang einhergehen. Ein Tyrann ist genauso wichtig wie der barmherzige Helfer. Beide dienen der Entwicklung der Form Mensch.

Und da ist sie wieder, die allem zugrunde liegende Liebe. Man kann hier ganz deutlich erkennen, dass es sich nicht um ein Gefühl handelt, wenn ich hier von Liebe spreche, sondern um das „Ja" zu allem.

Das „Ja" ist hier auch nicht als Gegenspieler zum „Nein" zu betrachten. Das Nein ist auch nur ein „Ja" zum „Es geht nicht".

Da aber alles da ist und nicht so einfach verschwindet, bleibt nur die Veränderung übrig, die unweigerlich eine neue Form erzeugt. Dabei gibt es kein Besser oder Schlechter, es gibt nur Formen mit anderen Eigenschaften.

Durchaus können diese stabiler und dadurch dauerhafter sein als die alten Formen. Dabei ist das nicht das Ziel, sondern einfach nur ein Ergebnis des zuvor genannten Entscheidungsverfahrens.

Dieser sogenannte Entscheidungsprozess beginnt meiner Meinung nach nicht schon auf der Teilchen-, sondern bereits auf der Energieebene.

Die Energien setzen sich zu Teilchen und diese wiederum zu Formen zusammen. Diejenigen, die funktionieren, überleben, vermehren und entwickeln sich. Alle anderen Formen zerfallen und werden durch die zirkulierenden Energien wieder mittels kausalem Auswahlverfahren zu neuen Formen zusammengesetzt.

Das Zerfallen der Formen ist dabei kein Rückschritt, sondern schafft materielle Grundlagen für neue Formen und somit das große Ganze.

Hier muss man verstehen, dass diese Entwicklungen in allen Bereichen und auf allen Ebenen stattfinden und nicht nur auf der Ebene der Lebewesen, sondern auch bei Planeten, Planetensystemen und was es da sonst noch so gibt.

Da kann plötzlich ein Umfeld entstehen, das kein Weiterexistieren der vorhandenen Formen mehr zulässt. Eine andere, passendere Form nimmt dann den Platz ein, wobei die neue Form auch aus Teilen der alten besteht, nur anders konfiguriert. Mir fällt hier das Aussterben der Dinosaurier und die Entwicklung der Säugetiere an ihrer Stelle ein.

Die Evolutionstheorien sind daher für mich keine Hirngespinste.

Bewusst möchte ich hier keine Namen nennen und bitte die Leserin oder den Leser, sich auf eine Wissensreise der vielen wissenschaftlichen Modelle, welche etwa die Biologie und Astronomie zu bieten haben, zu begeben. Das einfache Schulwissen reicht hier schon aus.

Da Entwicklung aber auch Bewegung ist und diese immer in Richtungen geht, möchte ich jetzt ein für mich einleuchtendes Modell zum Nachdenken anregen.

Für mich ist die Bewegung der Entwicklung zweidimensional betrachtet wellenartig, in der dreidimensionalen Betrachtung spiralförmig. Sie verläuft immer, aber von A nach B. Letztendlich ist sie im Großen und Ganzen betrachtet aber grundsätzlich kugelförmig.

Warum in den kleineren Zeitabschnitten für uns die Bewegungsrichtungen scheinbar linear erscheinen, liegt an der Kurzsichtigkeit unseres menschlichen Gehirns, welches wie bei allen Lebewesen auf Überleben ausgerichtet ist. Die spiralförmige Entwicklung ist dabei keine Entdeckung von mir, sondern ich musste mich in meinen schulischen Ausbildungen theoretisch mit Entwicklungsgesetzen des historischen Materialismus auseinandersetzen.

Zum damaligen Zeitpunkt erkannte ich zwar schon eine gewisse Logik hinter der Sache, musste aber erst noch andere Wege der Erkenntnis gehen, um die tiefe Wahrheit dahinter zu entdecken.

Die Entwicklung ist kein willentlicher Prozess. Auf den Punkt gebracht, möchte ich sagen, dass die vorhandene Materie durch Energie bewegt wird. Die Grundorientierung ist dabei immer fortschreitend und wird vom kausalen Auswahlverfahren bestimmt. Ein Zurück ist nur scheinbar. Selbst wenn man in die Vergangenheit reisen könnte, wäre dies aus einer Vorwärtsbewegung heraus.

Für mich ist der Urknall nur ein Anfang, welchem ein Ende vorausging. Wie zuvor erwähnt, ist die Grundausrichtung jeder Bewegung kreisförmig, dreidimensional betrachtet spiralförmig, und diese Spirale bewegt sich wiederum kreisförmig in einer Spirale. Das große Ganze in seiner Unendlichkeit ist dabei kugelförmig. Man kommt aber nie dort an, wo man losgegangen ist.

Bei einem Spaziergang zum Beispiel, mag es oberflächlich so aussehen, als käme man wieder am Ausgangsort an, und dem Augenschein nach mag es so sein, aber der Schein trügt. Denn das Umfeld, der Ort und man selber haben sich, zwar nicht sichtbar, aber doch verändert. Diese Veränderungen sind dabei oft sehr gering und kaum bemerkbar.

Verbleiben tun wir dabei immer in der Leere oder Fülle der Formen. Welcher der beiden zuvor genannten Begriffe der geeignetere ist, hängt von dem Standpunkt der Betrachtung ab. Als Hilfsmodell möchte ich hier den Baukasten nehmen. Es ist zwar sehr grob gesehen, aber so leicht erklärbar. Im Baukasten befindet sich immer eine bestimmte Zahl von Bausteinen. Egal, welche Form man herstellt, die Anzahl der Bausteine bleibt gleich. Die Bausteine sind hier die Energien.

Vor einiger Zeit hätte ich noch gesagt, die Teilchen. Doch da Teilchen aus komprimierten Energien bestehen und Energien ständig in Bewegung sind, kann es durchaus passieren, dass selbst Teilchen wieder zu Energien zerfallen. Die frei werdenden Energien verbinden sich dann mit neuen Energien und es entstehen neue Teilchen mit neuen Eigenschaften.

Warum das so ist, ist hier die falsche Frage. Es passiert einfach, und zwar nach dem kausalen (0 und 1) Prinzip, welches unausweichlich zur Entwicklung der Dinge führt. Da dies auch auf die Energien zutrifft, kann man diese mit einer Maschine vergleichen, welche ohne weitere Energiezufuhr, also nur mit der eigens vorhandenen Energie, sich antreibt. Trotzdem bin ich der Meinung, dass es sich hier nicht um ein Perpetuum mobile (1) im klassischen Sinn handelt. Hieraus lässt sich übrigens auch der Sinn des Lebens ableiten. Es geht im Leben nur um dessen eigene Erhaltung, und dafür ist Entwicklung ein absolutes Muss. Es ist kausal bedingt, hier gibt es keine Wahl. Denn ohne Entwicklung keine Existenz. Andersherum gibt es ohne Existenz keine Entwicklung. Beides ist aber auch das Eine. Es existiert nur der eine Baukasten, und dieser Baukasten ist das alles hier und ist kein von uns getrenntes ETWAS. Nicht ein höheres, willkürlich handelndes Wesen wäre, genauso wie wir in der Kausalität gefangen oder frei. Es kann nur nach den wirkenden Gesetzen handeln, denn diese selbst sind nicht willentlich, sondern aus kausalen Notwendigkeiten entstanden und sichern damit den Erhalt des Ganzen.

Es gibt von Weisheitslehrern und -lehren die Theorie, dass es sich bei der ganzen Sache auch um einen Traum der Wahrnehmung handeln könnte. Nur gibt es in der Traumwelt Dinge, die ohne Ursache erscheinen. Kausalität ist in der Traumexistenz nicht notwendig, da alles ohne Ursache da ist. Sobald aber auch hier Kausalität eine Rolle spielt und sogar notwendig ist, handelt es sich nicht mehr um eine Art Traum, wie wir ihn vom Schlaf her kennen. Meiner Meinung nach ist der Grund für das Traummodell die Unerklärbarkeit mancher Erscheinungen und vereinfacht auch die Herkunft dieser.

Da passt natürlich keine darwinistische Entwicklungstheorie und auch keine physikalisch-astronomische Theorie vom Urknall (2). Im Traummodell gibt es Entwicklung ohne Kausalität, nur sehe ich überall Kausalität, im Kleinen wie auch im Großen. Natürlich lässt sich Kausalität nicht immer einfach nachweisen, denn alle Komponenten sind nicht immer sichtbar, aber man kann Tendenzen erkennen und was für mich als Techniker eine Art Beweis ist: Man kann dadurch Dinge nachbauen und erschaffen.

Im Traummodell dagegen, entstehen die Dinge wie durch eine Art Zauber und räumen damit die Möglichkeit eines willentlich handelnden, erhöhten Wesens ein, was mich vermuten lässt, dass hier viel Wunschdenken am Wirken ist. Nur sehe ich keine Zauberei, man braucht Steine zum Hausbauen, der Abwasch macht sich nicht von selbst und der Müll wandert nicht allein in die Tonne. Um all das hier zu schaffen, ist Wille nur im kausalen Sinn notwendig, weil es sonst das alles nicht gibt.

Diese wirkt so in allen Welten, selbst in parallelen Welten, um einmal dieses Konzept aufzugreifen. Denn eine Welt beeinflusst die andere, und letztendlich hat auch das Heranziehen einer Traumwelt einen kausalen Ursprung.

Hinter alledem steht kein nicht kausaler Wille, selbst der Ausdruck der Notwendigkeit trifft nicht den Begriff für das, was da passiert, weil, wo 0 ist, keine 1 sein kann. Das alles hier ist trotz der unübersichtlichen Vielfalt weder unergründlich noch aufgrund der Nichterfüllung eigener Wünsche sinnlos. Es geht einfach nur um die Existenz des Universums „Baukastens" und dessen Formen, wobei es selbst die größte Form ist, nicht mehr und nicht weniger.

(1) https://de.wikipedia.org/wiki/Perpetuum_Mobile
Als Perpetuum mobile (lat. ‚sich ständig Bewegendes',
Mehrzahl Perpetua mobilia) werden unterschiedliche
Kategorien ausgedachter, nichtexistierender Geräte
bezeichnet, die – einmal in Gang gesetzt – ohne weitere
Energiezufuhr ewig in Bewegung bleiben und dabei je
nach zugrunde gelegter Definition möglicherweise auch
noch Arbeit verrichten sollen. Allen ist gemeinsam, dass
sie mindestens einem thermodynamischen Hauptsatz
widersprechen und deshalb nicht realisierbar sind.

(2) https://de.wikipedia.org/wiki/Urknall
Als Urknall wird in der Kosmologie der Beginn des Universums, also der Anfangspunkt der Entstehung von Materie, Raum und Zeit, bezeichnet.

Regeln und Gesetze

In der Bibel, im Alten Testament, im zweiten Buch Moses, steht sinngemäß geschrieben, dass Moses vom Berg Sinai, mit zwei von Gott gegebenen, Schrifttafeln voll Regeln kam, um diese seinem Volk als neue Richtlinien für ihr Leben zu geben. Zwischenzeitlich hatte sich aber sein Volk eigene Regeln gemacht und er bestrafte ihren Ungehorsam mithilfe des Volkes der Leviten. Dabei existierten diese Regeln bereits, sie mussten oder konnten vermutlich erst nur mit diesem Ritual glaubhaft seinem Volk dargelegt werden. Der Grund, warum diese Regeln bereits existierten, erklärt sich wie folgt:

Jeder kennt Gesetze, Regelwerke und Umgangsformen und kann sich denken, dass diese nicht willkürlich und plötzlich entstanden sind, sondern einen langen kausalen Auswahlprozess durchlaufen haben. Auch wenn es so aussieht, als ob das eine Gesetz mit dem anderen nichts zu tun hat, sind sie doch kausal miteinander verbunden. Die Änderung eines Gesetzes oder einer Regel hat immer Auswirkungen auf andere Gesetze und Regeln.

Am deutlichsten kann man dies bei der ständigen Anpassung des Strafmaßes erkennen. War die Todesstrafe früher gängig und kam leichtfertig bei vielen

Kapitaldelikten zur Ausführung, ist ihre Anwendung doch heute stark umstritten. Die Todesstrafe war in den alten Zeiten üblich und diente oft sogar als eine Art öffentliches Schauspiel. Heute wird sie eher als roh und unzivilisiert eingestuft. Sollte sie sich allerdings für das Überleben wieder als notwendig erweisen, kommt sie auch wieder zur Anwendung.

Das Rad der Geschichte geht zwar immer nur in eine Richtung, dies bedeutet aber nicht, dass Dinge, welche aussortiert wurden, nicht wieder ihren Platz im alltäglichen Gebrauch finden. Sie besitzen dann oft qualitativ höhere Eigenschaften. Denn alle Formen dieses Universums sind schon immer im Universum enthalten. Zwar handelt es sich niemals um dieselben, es sind höchstens die gleichen, welche aber eben immer etwas anders sind.

Die Entwicklungsrichtung bestimmt dabei immer nur das kausale Auswahlverfahren, welches auf das Überleben ausgerichtet ist. Auch Sinn und Ziel, welche zur Orientierung im Leben dienen, haben diese Grundorientierung. Es ist nun mal die des gesamten Universums.

Regeln und Gesetze sind Formen wie Menschen, Tiere, Pflanzen, Mineralien und Elemente. Sie entspringen der Notwendigkeit des Großen Ganzen und dienen damit der Selbsterhaltung. Auch entstehen und vergehen sie in der gleichen Art und Weise. Diese Auswahl ist nicht willkürlich festgelegt worden, sondern es war zum Zeitpunkt aufgrund der Entwicklungsstufe keine andere Entscheidung möglich.

Selbst eine göttliche Persönlichkeit könnte nicht anders handeln und wäre damit Bestandteil des Ganzen oder sogar das Ganze selbst.

Damit ist die Antwort auf die Frage, warum alles existiert, die, dass alles existiert, weil es existiert. Das Verstehen dieses Ausspruches verlangt von demjenigen, der es verstehen möchte, grundsätzliches Erfassen und Erkennen. Denn wer diese Antwort nicht versteht, grundsätzlich erfasst und erkennt, wird wohl weitersuchen müssen. Alle anderen sind schon mehr oder weniger am Ziel, genauer gesagt auf jeden Fall auf dem richtigen Weg dorthin.

Oft werden Regeln und Gesetze als eine Art diktatorische Willenserklärung aufgefasst. Manche Regeln und Gesetze bestätigen dies auch noch, indem sie dem Herausgeber, für alle augenscheinlich, Vorteile und Macht verschaffen.

Wie ich bereits erwähnt habe, unterliegen die Regeln und Gesetze denselben kausalen Gesetzmäßigkeiten wie alle Formen. Damit kann es auch notwendig sein, dass scheinbar benachteiligende Gesetze und Regeln in bestimmten Umfeldern, für das Gesamtziel, also Überleben, notwendig sind und zur Anwendung kommen.

Da diese Gesetze und Regeln das Umfeld beeinflussen und damit auch verändern, führt es dadurch früher oder später zur Anpassung bis hin zur Abschaffung derselben. Regeln und Gesetze sind Formen der Kausalität, welche sich wie alles permanent verändern und anpassen, um damit das Überleben zu sichern. Die Wahlmöglichkeiten zwischen Einhaltung und Verstoß gegen Regeln oder Gesetze sind auch nur kausal bedingt möglich.

Alle Formen, welche aufgrund ihres Umfeldes gegen Regeln oder Gesetze verstoßen, tun dies wiederum auch nur auf der Grundlage von selbst gelernten Regeln und Gesetzen. Diese Regeln und Gesetze stehen, wie zuvor besprochen, im Widerspruch zu den vorhandenen, um letztlich sich selbst einen Vorteil und damit eine bessere Möglichkeit zur Erhaltung der eigenen Art zu verschaffen.

Es gibt heute noch Stämme in geschützten Gebieten, wo es richtig ist, einen Fremden oder ein Mitglied von einem anderen Stamm lieber zu töten, als ihm eine Chance zur Integration zu ermöglichen. Es stammt eben noch aus einer Zeit, in der alle so dachten und handelten, und da hatte es auch seinen Sinn, führte aber auf die Dauer gesehen jedoch in eine Sackgasse. Nicht umsonst müssen diese Ureinwohner in Reservaten geschützt werden.

Wenn man es so nimmt, sind es die Konsequenzen, welche Regeln und Gesetze notwendig machen. Damit meine ich nicht das Strafmaß, sondern die Auswirkung des Handelns.

Je mehr eine Lebensform, diese Auswirkungen erfassen kann, desto besser stehen ihre Chancen, zu überleben, sich fortzupflanzen und sich weiterzuentwickeln.

Bevorteilung und Erhaltung der eigenen Art stehen hier leider immer im Vordergrund und sind so oft auch gleichzeitig starker Gegenspieler von vorhandenen Regeln und Gesetzen.

Die Ursache für nachteiliges Handeln liegt darin, dass unser Gehirn oft noch zu wenige und ungeprüfte Informationen, also Erfahrungen, besitzt und sich dann eher am Naheliegenden orientiert. Fehlende und nicht in der Praxis geprüfte Informationen sind es dann, die uns veranlassen, auf ursprüngliche Programmierungen (Konditionierungen) zurückzugreifen. Dieses führt dann oft zu Konflikten mit aktuellen Gesetzen, welche auf der

Grundlage von mehr Wissen und Erfahrung festgelegt wurden.

Programmierungen entstehen im Wesentlichen durch Erfahrungen und angeeignetes Wissen. Allerdings ist Erfahrung die beste Methode, denn sie ist im Gegensatz zu theoretisch beigebrachtem Wissen, pure Kausalität. Jeder gute Pädagoge weiß, dass Gesagtes allein nicht immer ausreicht. Deshalb wird der Lehrstoff häufig mit praktischen Beispielen wie Modellen, Bildern, Expeditionen und Experimenten vermittelt.

Die Mathematik verkörpert im Wesentlichen die absolute Wahrheit. Sie ist sozusagen wie auch der Lernprozess pure Kausalität.

Der Lernprozess und die Entwicklung des Gehirns stehen dabei übrigens auch in einem kausalen Abhängigkeitsverhältnis, denn ohne dem "Einen" gäbe es das „Andere" nicht.

Das menschliche Gehirn ist nicht plötzlich aus heiterem Himmel gefallen, sondern hat sich wie bei Vögeln, die zum Fliegen Flügel und bei Fischen, die zum Tauchen Kiemen benötigten, mittels kausalem Auswahlverfahren zu dem, was es heute ist, so entwickelt.

Die Gehirneigenschaft der Informationsverarbeitung führte dazu, dass wir Werkzeuge und Strategien entwickelten, welche unser Überleben auf Dauer sicherten.

Wie man erkennen kann, war diese Weiterentwicklung nicht willentlich entstanden, sondern aus unbedingter Notwendigkeit.

Die Regeln und Gesetze der Menschen werden also nicht durch etwas oder jemanden gemacht, sondern sind durch ein entsprechend entwickeltes und geschultes Gehirn erkannt worden. Da aber die Entwicklung der Menschen aufgrund des unterschiedlichen Umfeldes nicht überall gleich ist, also nicht alle zeitnah die gleiche Entwicklungs- und Bewusstseinsstufe haben, gibt es auch unterschiedliche Regeln. Wir können sie heute noch in den einzelnen, besonders in den politischen und religiösen, Gemeinschaften beobachten.

Bestrafung war und ist immer noch ein Mittel, welches vom Gesetzgeber angewendet wird, um die Gemeinschaft vor einzelnen fehlentwickelten Menschen oder Menschengruppen zu schützen. Diese Art der Durchsetzung der Gesetze funktioniert aber nur bis zu einem bestimmten Stadium der Entwicklung, denn sie lässt meistens nur eine Richtung der Entwicklung zu, welche schließlich auf kurze Sicht funktioniert, letztlich aber auch zur Vernichtung führen kann.

So wie viele Menschen die Gefahr in einer Diktatur sehen, sehen es aber auch viele in der Demokratie. Welche von beiden als Nächste funktionieren wird, entscheidet auch hier das kausale Auswahlverfahren und nicht der Mensch.

Es gibt keine endgültige Lösung. Der Grund dafür ist die Dynamik des Universums, welche aber notwendig ist, denn ohne Dynamik kein Universum. Das Universum kann nur existieren, wenn sich die Materie bewegt. Bewegen kann sich aber nur die Materie, die Energie erfährt, was wiederum zur Folge hat, dass ohne Energie auch kein

Universum existieren würde. Somit ist alles immer im Wandel und damit ist und bleibt das einzige Ziel, die Erhaltung des Universums. Der Ausdruck „Der Weg ist das Ziel" trifft hier die Sache auf den Punkt.

Die Welt für zukünftige Generationen zu sichern, kommt der Erhaltung, Vermehrung und Entwicklung des Menschen zugute, bedeutet aber nicht, dass der Mensch trotzdem eines Tages, in den Bausteinkasten des Universums wieder aufgeteilt wird. Zur Beruhigung aller sei aber gesagt, dass diese Bausteine nicht verloren gehen, denn sie waren bereits da, bevor er da war, und sie werden in alle Ewigkeit da sein, nur die Form ist dann eine andere. Es muss auch nicht ein Verschwinden sein, es kann auch, und das denke ich eher, eine Weiterentwicklung werden.

Hier möchte ich noch auf das Traummodell oder die Traumlehre zu sprechen kommen. Es gibt einige Philosophen und Weisheitslehrer, die der Meinung sind, dass dies alles hier ein sogenannter Traum ist.

In einem Traum sind aus meiner Sicht keine Regeln notwendig, weil die Umfelder und Formen aus dem Nichts entstehen und in das Nichts zurückgehen. Damit ist Materie und Energie einfach so da und kann auch einfach so verschwinden. Die Kausalität wirkt dabei nur unmittelbar. Diese schützt uns aber nicht wirklich, sondern es überlässt das Entstehen und Vergehen der Formen einfach einer unberechenbaren höheren Macht.

Leider sehe ich aber überall nur kausales Wirken, denn nur weil ich es mit meinen Sinnesorganen nicht erfasse, heißt es noch lange nicht, dass es nicht vorhanden ist. Schließlich muss Brot gebacken und ein Kind geboren werden. Warum gibt es dann im Traum kausale Abläufe, wo doch alles auch nur einfach so entstehen kann? Wie zum Beispiel im Schlaraffenland.

Aber auch dieser Weg der Erkenntnissuche dient letztlich dem Hauptziel und damit dem Überleben und kann somit auch unseren Erkenntnishorizont erweitern.

Schließlich kann auch das oben beschriebene materielle Weltbild noch etwas anders aussehen. Wir können es nicht so einfach und endgültig erkennen, weil es vom derzeitigen Wissens-, also Entwicklungsstand unseres Gehirns abhängt.

Die Bewegung des Universums, welches die Formen erschafft und verändert, verhindert damit aber auch eine Endgültigkeit. Jegliche Benennung ist hier nicht dienlich und wirkt entwicklungshemmend und könnte somit sogar dem Überleben schaden. Darum wird auch in einigen heiligen Schriften gefordert, sich von Gott kein Bildnis zu machen, da jedes Bild eher von ihm fortführt als zu ihm hin.

Regeln und Gesetze sind somit die sichtbaren Formen der Kausalität und tragen ihre Notwendigkeit in sich. Ein scheinbarer Verstoß oder eine Abweichung bestätigt dies alles und ihre Notwendigkeit. Willkürlichkeit bei der Aufstellung von Regeln und Gesetzen kann es also nicht geben, denn jedes Gesetz hat seinen Ursprung in und unterliegt der Kausalität und dient letztlich dem Überleben, aber auch nur so lange, wie es dafür notwendig ist.

Die Einzigartigkeit der Dinge

Jeder Mensch weiß, dass Kopien dem Original gleichen und etwas Eigenständiges sind. Doch der Wunsch nach dem Wiederherstellen des Verlorenen oder Vergangenen liegt tief in uns drin.

In der Filmkunst wird dieses Thema des Kopierens und Wiederherstellens des Verlorengegangenen in Form des Klonens oft aufgegriffen. Besonders interessant wird es, wenn es als lebensverlängernd eingesetzt wird.

Es gibt nichts Besseres, als dieses Thema zu benutzen, um die wahre Identität unserer Persönlichkeit zu beschreiben. Wer hier die Sache bis zum Ende verfolgt, wird erkennen, dass es kein grundlegendes Ich gibt. Denn selbst eine haargenaue Kopie unserer Persönlichkeit, einschließlich der Programmierung, würde nur ein zweites Wesen mit einer völlig anderen Persönlichkeit erzeugen. Begründet tut dies bereits die Teilchenphysik.

Zum besseren Verständnis möchte ich es mal mit folgendem Modell bildhaft erläutern. Um eine Kopie herzustellen, benötigt man außer dem Original und Werkzeug entsprechendes Material. Ja, separates Material ist notwendig, um die Kopie herzustellen. Selbst wenn man es dem Original entnehmen würde, ist dies trotzdem Material, aus welchem man einen anderen Organismus, ein zweites vom Original getrenntes Ding, herstellt.

Es ist eben wie bei einem Bausteinkasten, den jeder aus seiner Kindheit kennt. Neue Formen können nur aus den Teilen erschaffen werden, die im Baukasten vorhanden sind.

„Es gibt doch viele gleiche Teile im Baukasten", werden Leserinnen und Leser einwenden, und bei oberflächlicher Sichtweise mag dies so aussehen. Betrachtet man aber die Welt genauer, erkennt man, dass kein Ding wie das andere ist. Wenn dies im Großen so ist, wird es wohl im Kleinen nicht anders sein. Diese einfache Feststellung klingt sehr hypothetisch. Deshalb möchte ich hier doch noch etwas tiefer schürfen.

Die Ausdrücke „Gleiches und Identisches" dienen dem Menschen, um eine Situation zu beurteilen und somit seinem Selbstschutz. Zwei Dinge sind immer zwei Dinge. Sie sind wie die Ufer eines Flusses, nur ohne Fluss. Selbst die kleinsten Teilchen sind unterschiedlich, denn die Unterschiedlichkeit macht die Trennung. Diese Trennung ist kausal bedingt für die Entwicklung notwendig und zeigt uns, dass nicht erst im Großen Sichtbaren, sondern schon hier im Ursprünglichen die Trennung vorhanden ist.

Gehen wir also mal davon aus, dass wir einen Menschen kopieren könnten, dann würden wir Bestandteile materieller und ideeller Natur benötigen.

Die materiellen Bestandteile bestehen aus den Elementen wie Feuer, Wasser, Erde und Luft. Die stoffliche Zusammensetzung der Elemente ist jedem mehr oder weniger bekannt. Sie beeinflussen die ideellen Bestandteile und umgedreht tun es die ideellen auch bei den stofflichen.

Diese Bestandteile sind es auch, die zum sogenannten Klonen verwendet werden. Wobei das nur eine sehr oberflächliche Betrachtung ist. Die ideellen Bestandteile sind unter anderem gespeichertes Wissen und Erfahrung sowie Konditionierung. Diese Bestandteile sind zum größten Teil nicht im Körperlichen gespeichert und entstehen erst mit der körperlichen Entwicklung. Das bedeutet, sie benötigen einen materiellen, menschlich funktionierenden Körper.

Es gibt eine Theorie, in welcher Reihenfolge die Elemente einschließlich der idealistischen Komponente im Lebewesen erscheinen und wieder gehen. Sie geht davon aus, dass zuerst die Erde, dann Wasser, danach Feuer, schließlich die Luft und zum Schluss die ideelle Komponente erscheint und in umgedrehter Reihenfolge diese Komponenten wieder gehen.

Dies ist für mich keine Theorie, sondern die Realität, denn nur so kann es funktionieren.

Die Religionen und viele esoterische Lehren gehen davon aus, dass zuerst eine geistige Komponente da ist und dann erst die Materiellen dazukommen. Dies widerspricht aber nicht nur der Kausalität der Entwicklung, sondern der eigenen Schöpfungslehre, denn diese besagt, dass Gott erst aus Erde eine Form schaffte und dann Leben einhauchte. Leben ohne Materie ist kein Leben, es ist Nichts.

Die Theorie mit der immer vorhandenen, allumfassenden ideellen Form, welche dann jede Form erschafft, birgt leider bei menschlicher Betrachtung automatisch einen personifizierten Gott, der alles regelt.

Doch dass dies nur nach Funktionieren und Abläufen überhaupt möglich ist, habe ich bereits in dem vorherigen Kapitel dargestellt. Im Übrigen kann jeder bei der Beobachtung und dem Umgang mit den Dingen sich selbst davon ein Bild machen.

Nur mit entsprechend vorhandener Hardware ist ein Softwareaufbau möglich. Genau wie die Hardware (Körper) besteht unsere Software (Geist) aus vielen einzelnen Komponenten. Selbst eine Kernkomponente wie ein ICH muss aus mehreren Elementen bestehen.

Dieses ICH kann nur zusammen mit dem Körper und auf dessen Grundlage existieren. Es ist aber kein homogenes Ding, sondern nur ein wahrnehmendes Gefühl.

Es existiert weder vor noch nach dem Körper. Was aber vor und nachdem Körper existiert, sind die Energien, aus denen es besteht. Es kann sein, dass wir während unseres Lebens eine energetische Struktur erzeugen, welche andere Lebewesen übernehmen. Jesus sagte dazu ähnlich: „Wo sich mehrere in meinem Namen versammelt sind, werde ich unter ihnen sein." (Mt18,20).

Es ist aber nicht unser wahrnehmendes Ich, sondern eine Kopie. Ähnlich einer gespeicherten Stimme.

Wenn also ein Etwas dieses Lebewesen ist, dann ist es kein separates Individuum, sondern das Allesseiende in einer individuellen Form.

Die religiösen Leserinnen und Leser haben übrigens für das Allesseiende verschiedene Namen.

Es existiert somit kein separates Allesseiende, weil es alles ist. Es besitzt damit auch die Eigenschaften aller Dinge und es sagt damit automatisch zu allen Dingen „ja".

Bei diesem „Ja" geht es um nichts anderes als die alles zugrundeliegende Liebe, von welcher all die Religionen, Lehrer und Lehren sprechen. Das Allesseiende hat aber hier auch keine Wahl zwischen Ja und Nein zur Liebe, denn ohne das „Ja" zu allem gibt es auch kein Alles-Seihende und infolgedessen kein Nein.

Genau genommen, ist ein Nein auch ein Ja. Man hat einfach nur zu etwas anderem Ja gesagt. Computerprogrammierer müssten das Muster und die Bewegung erkennen. Dies ist übrigens auch die kausale Bewegungsrichtung. Es gibt kein Zurück. Selbst eine scheinbare Rückwärtsbewegung ist in ihrer grundlegenden Struktur eine Vorwärtsbewegung. Eine Eins-zu-eins-Kopie wäre ein Standbild, also nur im absoluten Stillstand möglich, den es nicht gibt. Die Unmöglichkeit eines zweiten Selbst ist somit auch aus dieser Perspektive gut ersichtlich.

Die Entstehung virtueller Formen und Persönlichkeiten

Das Erschaffen von virtuellen Formen aus realen Formen, welche zuvor mittels Sensoren aus dem Umfeld erfasst wurden, ist eine der Grundeigenschaften aller Gehirne, und das geht bis auf den einfachen Nervenreiz zurück. Alle Lebensformen, die Informationen speichern und später sogar zum Schutz nutzen konnten, entwickelten sich weiter. Unser menschliches Gehirn besitzt vermutlich bei den meisten Funktionen die höchste Entwicklungsstufe. Aber das endgültig zu beurteilen, möchte ich den Fachleuten auf diesem Gebiet überlassen.

Es geht hier einfach nur darum, die kausalen Vorgänge des Gehirns zu erkennen und den Bezug zum Großen-Ganzen herzustellen. Dass unser Gehirn zu Beginn unserer

Entstehung leer ist, stimmt nicht ganz. Denn unser Organismus benötigt schon einige Grundprogrammierungen, damit dieser im Anfangsstadium funktioniert. Diese Programmierungen befinden sich in unserem Erbmaterial. Diese Grundprogrammierungen oder Grundkonditionierungen sind notwendig, damit die Maschine Mensch von Anfang an funktioniert. Entstanden sind diese Programmierungen und Konditionierungen mittels kausaler Auswahlverfahren und bilden damit die absoluten Voraussetzungen für die Entstehung und Funktion unseres Organismus. Die weiteren Konditionierungen erfolgen durch und mit der Informationsaufnahme und erschaffen damit virtuelle Formen, welche alle zusammen eine virtuelle Form bilden, die wir als Persönlichkeit bezeichnen.

Die Grundkonditionierungen wie Schutz, Erhaltung, Vermehrung und Entwicklung der eigenen Form stehen dabei im Mittelpunkt und bestimmen in der Hauptsache die Notwendigkeit der Informationsaufnahme. Es ist derselbe Antrieb wie bei jedem Lebewesen. Die Umwelt bestimmt dabei den „Lehrplan" und hat wesentlichen Einfluss auf die Programmierung. Andersherum beeinflussen wir die Umwelt, um uns zu schützen. Diese Handlungen sehen willentlich aus, sind aber kausale Reaktionen.

Unser Gehirn überprüft vor jeder Handlung die jeweilige Situation, indem es vergleichbare, bereits gespeicherte Informationen sucht. Der Begriff Suchen trifft es aber nicht ganz, es ist eher ein Finden. Die Informationen sind dabei emotional verknüpft, denn jede Information, die wir aufnehmen, hat eine emotionale Komponente, denn Informationen ohne diese Komponente werden von einem Gehirn oder Nervensystem nicht gespeichert.

Die Reaktionen werden auch mit demselben Verfahren vom Gehirn gefunden. Je stärker die Emotionen, desto kürzer das Auswahlverfahren. Dabei werden auch die Reaktionen als Erstes aufgerufen, die am stärksten mit Emotionen behaftet sind. Der Spruch „Wie man in den Wald hineinruft, so ruft es zurück" beschreibt dies ein wenig. Gibt es in einer Situation neue Informationen, wird diese mit der dabei vorherrschenden Emotion gespeichert. Damit hat jede Form von der anderen Form ein eigenes Bild. Die Welt, das Universum gibt es somit in so vielen Ansichten, wie es Formen hat.

Menschlich gesehen sieht es dabei so aus, dass zum Beispiel, unsere Mutter möchte, dass wir fleißig sind, die Regierung es gern sieht, wenn wir uns gesetzeskonform verhalten, und der Partner es will, dass wir nach seinem Willen handeln. Dabei reagiert das Umfeld negativ mit Tadel und positiv mit Lob, aber auch das ist nur ein Reagieren und kein wirklich eigenständiges Handeln. Die Informationsaufnahme ist dabei ein anschauliches Beispiel, wie kausale Auswahl erfolgt.

Es gibt keine Wahrnehmung ohne Sensoren und Datenverarbeitung. Die Informationen, welche unsere Sinnesorgane erfassen, können nur auf der Grundlage unserer gespeicherten Programmierungen und Informationen im Gehirn beurteilt werden. Wenn wir zum Beispiel, einen Baum betrachten, so beurteilen wir diesen mit den Informationen und Programmierungen, welche uns das Gehirn zur Verfügung stellt. Bei starker Konzentration besitzt unser Gehirn die Möglichkeit, unser Persönlichkeitsempfinden so zu verändern, dass wir der Meinung sind, der Baum zu sein. Dies tut das Gehirn, indem es aus zuvor aufgenommenen und gespeicherten Wissensbausteinen virtuell eine Art Baum zusammensetzt. Dieses Verhalten ist ein kausal entstandener Schutzmechanismus, um eine mögliche Gefahr zu beurteilen.

Willentliches Handeln ohne vorhandene Informationen setzt voraus, dass ein Handelnder weiß, was er tut, und diese verlangt wiederum Wissen. Ist kein Wissen vorhanden, kann nur das Umfeld dieses Handeln steuern, was für mich aber nichts mit Willentlichkeit zu tun hat. Es ist, als würde ein blinder Taubstummer von einem ihm unbekannten Abgrund springen.

Dass wir illusionär davon ausgehen, willentlich zu handeln, liegt einfach nur an dem nicht ausreichend vorhandenen Wissen und damit auch an den notwendigen Erfahrungen. Unsere technische Ausrüstung, damit ist der Körper gemeint, ist hier noch nicht ausreichend.

Die Informationserfassung ist dabei ein anschauliches Beispiel. Im Grunde ist jedes Gespräch, das wir führen, ein Selbstgespräch. Das schließt den Dialog mit allem und jedem, unter anderem auch jegliche Art von Darstellung und Handlung, mit ein. Sprechen ist nur lautes Denken und vergleichbar mit dem Bedienen der Lautsprechertaste am Telefon. Das Gleiche gilt übrigens auch für das Schreiben, Singen, Tanzen, Spielen, sogar Sporttreiben, Kunstschaffen und Arbeiten. Zu guter Letzt gehören auch religiöse, spirituelle, politische, regierende und kriminelle Handlungen dazu. Alles ist der gleiche Prozess, nur mit unterschiedlichen Medien zum Ausdruck gebracht.

Dabei sind wir immer der Meinung, dass wir die uns gegenüberstehende Form richtig beurteilt und erkannt haben und mit ihr kommunizieren. Den Beweis hat der eine oder andere Leser gerade selbst erfahren, denn die Reihenfolge der etwas zuvor genannten Handlungen, zum Beispiel, dass Religion im Zusammenhang mit Politik oder Kriminalität genannt wurde, wird bei religiös ausgerichteten Lesern Empörung auslösen.

Wie man weiß, ist man aber nicht immer nur der Sender und Empfänger der Nachricht. Sondern es gibt eine Vielzahl von Empfängern und Sendern. Diese anderen Gehirne, Speicher- und Verarbeitungselemente wie Mensch, Tier, Pflanze und sonst noch zur Informationsverarbeitung geeignete Elemente, auch Computer, übernehmen, prüfen, speichern, passen an und handeln entsprechend ihrer Programmierung auf diese Informationen und tauschen diese Informationen aus. Vergleichbar ist das alles wie ein riesiges Gehirn, welches sich nicht nur auf die Planetenebene beschränkt. Man könnte sagen, dass jedes Wesen ein Planet und umgekehrt jeder Planet ein Wesen ist, welches sich in sich als Form oder Wesen scheinbar einzeln darstellt, aber insgesamt ein Ganzes bildet.

Damit ist der Gedanke, dass das, was wir tun und lassen, niemanden was angeht, eine zuvor genannte illusionäre Vorstellung. Denn alles Handeln, darunter zählen sogar die Gedanken, beeinflusst zu guter Letzt jeden und damit wieder alles, und schließlich kommt es wie ein Bumerang zu uns zurück und beeinflusst uns wieder. Wer glaubt, wenn er seinen Garten verwildern lässt, sein Haus farbig anstreicht, sich ein Tier hält, parteilos ist, seine Haare färbt oder seinen Fanklub am Auto präsentiert, handelt nur für sich, irrt sich gewaltig. Jede Handlung beeinflusst alles, wurde aber wiederum durch sein Umfeld, also von allem, dazu beeinflusst, so zu handeln.

Die Kausalität steuert dieses Handeln, indem sie dem, was dem Überleben, Vermehren und Entwickeln dient, den Vorrang einräumt. Aber nicht, weil es das will, sondern weil es das um seiner selbst tun muss.

Wir Menschen denken, wir können diese Prozesse überschauen, aber das ist nicht so. Warum das so ist, liegt an den fehlenden Informationen, welche wir nicht alle erfassen können. Je mehr wir aber erfassen können und das geht nur über technischen Fortschritt, desto mehr ist uns möglich, Prozesse zu erahnen. Da aber selbst diese Prozesse von anderen Prozessen beeinflusst werden und diese auch wiederum andere Prozesse beeinflussen, ist das

Spektrum unseres Blickes in die Glaskugel, also die Zukunft, sehr gering.

Sollte der technische Fortschritt sich als Sackgasse erweisen, wird uns dies auch früher oder später vom Leben gezeigt. Entwicklung findet jedenfalls immer statt, auch wenn sie der Menschheit nicht mehr dienen wird.

Natürlich möchte ich niemanden entmutigen, seinen Willen durchzusetzen. Was weiß ich schon, wohin die Reise geht. Es wird Erfolg und Niederlage geben, aber nicht, weil es das Leben so gewollt hätte, sondern weil es hier selbst keine Wahl hat.

Blumen, Bienen und Menschen

Rein zufällig sah ich auf einem Kalenderblatt einen mit kindlicher Handschrift geschriebenen Spruch, welcher sinngemäß besagte, dass es ohne Bienen keine Blumen gäbe, Bienen unbedingt notwendig für die Menschen sind und dies nicht allein nur wegen des Honigs. Darüber war ein kindlich gemaltes Bild, welches Blumen und Bienen darstellt.

Die Botschaft des Ganzen ist, dass Veränderungen an dem Einen sich immer auf alles auswirken und das Alles eins ist, damit die Dinge wie bei einem Uhrwerk funktionieren und miteinander wie Zahnräder ineinandergreifen.

Da gibt es keine Wahl und Wille ist auch nicht zu sehen, sondern nur Handeln. Der Begriff Notwendigkeit stimmt und stimmt hier auch wieder nicht. Denn, so komisch es auch klingen mag, es ist nur Handeln möglich, wenn gehandelt wird, und das Handeln ist auch nur in den dafür vorhandenen Bereichen möglich.

Freiheit, die sich alle wünschen, ist nur scheinbar. Doch wer genauer hinsieht, erkennt, dass alles weder gefangen noch frei ist.

Die buddhistischen Meister benötigten oft Jahre für eine solche Erkenntnis, dafür war diese aber auch durchschlagender. Heute geht aufgrund des Standes der Wissenschaft, die wissenschaftliche Erkenntnis etwas schneller. Dies nützt aber leider nicht viel, da es im Wesentlichen auch der mentalen Erkenntnis und Erfahrung bedarf, die eine gewisse Reifezeit erfordert.

Oft bleibt die sogenannte Erleuchtungs-Erfahrung auf der Strecke und dies ist für eine endgültige Erkenntnis sehr hinderlich.

Die wissenschaftliche Erkenntnis erfolgt oft sehr speziell, als ob man ein Bild mit einer Taschenlampe oder Lupe betrachtet. Bedauerlicherweise kann man dabei nur einen Teil des Bildes sehen, was sehr irreführend ist.

Die mentale Betrachtung ist zwar undeutlich, aber man kann dafür das Ganze in seiner gesamten Schönheit erahnen.

Aus dieser Perspektive ist auch zu erkennen, dass Bienen, Blumen und Menschen, wie alles im Universum, nicht allein aus sich selbst heraus existieren, sondern einander benötigen. Ja, das komplette Umfeld mit dem kausalen Zusammenspiel sind für die Existenz notwendig.

Um Formen zu bilden, reicht das Vorhandensein von Teilchen und Energien allein nicht aus. Es verlangt das kausale Auswahlverfahren, welches wiederum durch die Unterschiedlichkeit der Teilchen und Energien zustande kommt. Nicht jedes Teilchen passt zu einem anderen, nicht jede Energie zu einer anderen, nicht jedes Teilchen zu jeder Energie und umgekehrt. Trotzdem gehören letztlich alle zusammen, es darf keines fehlen, sonst gibt es kein Ganzes.

Die vom Kind auf dem Kalenderblatt getroffene Aussage, dass Bienen für die Menschen nicht nur wegen des Honigs wichtig sind, ist richtig. Nur ist der Mensch auch Glied einer kausalen Kette, welche wiederum die nächste Weiterentwicklung möglich macht, die schließlich auch den Bienen zum Überleben dienen könnte.

Jede Form entsteht nicht aus Willkür, sondern aus unbedingter Notwendigkeit, auch wenn man dies nicht gleich auf den ersten Blick erkennt. Die eine Form benötigt die anderen Formen, die das notwendige Umfeld bilden, so wie Pflanzen Erde und Wasser benötigen.

Nur sieht es für uns Menschen immer so aus, als ob das Umfeld für uns Menschen da ist, dabei kommen die Dinge aus dem Umfeld. Ein Kartenhaus benötigt nun mal Karten, einen ebenen Tisch und eine ruhige Hand. Ohne den gäbe es kein Kartenhaus. Wenn eine der Komponenten fehlt, gibt es kein Kartenhaus.

Auch kann keine der Komponenten ins Nichts beseitigt werden. Es wird nur in etwas anderes umgeformt. Im Universum geschieht dies oft, indem es in seine ursprünglichen Bestandteile zerfällt und wieder neu und anders zusammengesetzt wird.

Übrigens, haben bestimmte Formen die Eigenschaft, sich selbst zu beseitigen. Krebs ist so eine davon. Sie haben keine Wahl. Sie haben aus irgendeinem kausalen Grund diese Eigenschaften, und so unmöglich es auch klingen mag, dienen sie trotzdem damit allem, also dem Großen und Ganzen.

Formen, die dem widerstehen, bilden dann wieder Grundlage für größere und weiterentwickelte Formen. Alle Formen haben genau genommen beide Eigenschaften. Sie zerstören und bauen auf.

Die Menschen gaben oftmals in der Vergangenheit und geben zum Teil heute noch die Verantwortung den Göttern. Das tun sie, weil sie nicht verstehen können, warum sie so sind, wie sie sind.

Bienen, Blumen und Menschen sind so, wie sie kausal nun mal entstanden sind, und entwickeln sich auch nur entsprechend ihrer Möglichkeiten.

Der Kalenderspruch des Kindes entstand aufgrund der menschlichen Denkweise, die sich wiederum durch ein körperlich-geistiges Auswahlverfahren so entwickelt, dass damit ein Überleben möglich ist. Ob es letztlich ein Überleben gibt, ist nicht wichtig, denn ein Untergang bedeutet nur, dass der Mensch in seiner jetzigen Form nicht in der Lage ist, sich weiterzuentwickeln. Seine Bestandteile gehen nicht verloren, sie dienen nur etwas anderem. Damit ist aber auch gesagt, dass es immer nur Umwandlung und keinen Untergang gibt.

Die Beurteilung, ob etwas untergeht, ist auch nur eine menschliche Sichtweise, welche wiederum dem Schutz und damit der Entwicklung der Formen dient. Ob es hilft oder schadet, entspringt der gleichen Sichtweise und ist von mir hier nur zur Erkenntnisgewinnung ergänzt worden, aber auch nicht mehr und nicht weniger.

Buddha und der „Alte Weg"

Es handelt sich hier um den Weg des Suchenden zur Erkenntnis. Damit wäre schon alles gesagt. Nur steht der Suchende vor tausend Wegen und bei jedem steht ein Schild, auf dem draufsteht „Hier geht es lang", und der Suchende ist überzeugt, er würde sich entscheiden. Nur tut er das wirklich?

Wenn ich hier behaupte, dass selbst Buddha keine selbst gewählte Entscheidung getroffen hat, würde das nicht nur bei Buddhisten Empörung auslösen.

Buddha sprach von einem alten Weg zur Erkenntnis und dass dieser wiedergefunden werden müsste, um aus diesem ganzen Getümmel wieder ans Licht zu gelangen.
Und damit hat er recht. Der alte Weg ist immer gegenwärtig. Er ist zeitlos und wird von vielen gesucht und nur von wenigen gefunden.
Und diese Wenigen sind, so komisch es klingen mag, auch noch vom Universum dafür ausgewählt worden. Die Auserwählten werden dieses erkannt haben, und keinen Hehl daraus machen. Denn sie wissen um die Kausalität der Dinge und nicht nur das, auch dass es niemanden ist, der ihn findet. Weil der, die oder das, was sucht, der Weg, der Anfang, das Ziel und das Suchen selbst ist.
Es ist alles schon da. Auch der Schlüssel zur Erkenntnis ist da. Er wird nicht gefunden, sondern er schließt kausal bestimmt demjenigen das „Torlose Tor" (1) auf, dessen Konfiguration es so ermöglicht, selbst wenn dieser es nicht einmal suchte.

Der Ausdruck „Man sieht den Wald vor lauter Bäumen nicht" erklärt die Sache etwas, er trifft aber nicht ganz den Kern.

Bei manchen Weisheitslehrern wird von der Amnesie des Göttlichen gesprochen. Ich denke, dass es keine Amnesie ist, welche eine Erinnerung benötigt, sondern dass es sich um ein Informationsproblem handelt, welches durch eine Art Übersetzung zum Erkennen führt.

Die vorhandenen Informationen müssen erst in den entsprechenden Computer (Gehirn) eingegeben werden. Aber das allein reicht nicht aus. Denn die Informationen sind nicht offensichtlich, eher verschlüsselt, und bedürfen eines entsprechenden Codes. Dieser wird durch, Lernen Stück für Stück zusammengesetzt, denn einfaches Erfassen reicht nicht aus. Hier müssen Erkenntnisse gewonnen und logische Schlüsse erkannt werden.

Auch ist die Weitergabe an Schüler notwendig, die dann wiederum diesen Lernprozess wieder und wieder wiederholen.

Und da kommen wir zur Meditation. Wissen ist virtuell. Es wird in 0 und 1 Bits gespeichert und geht verloren mit dem Körper, der es in seinem Gehirn gespeichert hat.

Dabei gibt es viele Wege, unter anderem auch den Weg durch bewegungsloses Sitzen, mit dem nicht selbstbezogenen Beobachten der Umgebung, auch Meditation oder beim Zen-Buddhismus Zazen genannt.

Das Suchen nach der Wahrheit erfolgt dabei durch das Erfassen oder Erfahren des Gegenwärtigen. Dabei wird alles, was geschieht, ohne Wertung, Reflexion und Identifikation betrachtet. Es verlangt hohe Konzentration und Aufmerksamkeit. Die Beobachtung des Atems ist dabei ein sehr guter Einstieg. Auch die Konzentration auf und das Beantworten von Fragen sind hilfreich.

Hier gibt es auch zwei Kategorien. Das eine sind sinnvolle Fragen und das andere sind scheinbar sinnlose Fragen, so genannte Koans (2).

Viele Mönche und Suchende haben aber, und das ist das Menschliche, eher die Frage gestellt: „Wie komme ich aus diesem Jammertal zur ewigen Glückseligkeit?", also: Wie kann ich Stroh zu Gold spinnen?

Es ist aus meiner Sicht nicht immer die Neugier, ein viel größerer Antreiber und Motivation ist eher die Angst und das Leid. Die schlichte, einfache Lebensangst ist für mich das Ergebnis der Antreiber unserer kausalen Auswahl.

Buddha selbst ist dafür das größte Beispiel. Wobei er den kausal geeignetsten Anfang hatte. Er wuchs im größtmöglichen Ego-Bereich auf. Die Neugier brachte ihn zum absoluten Gegensatz seines bisherigen Lebens. Er lebte in Gesundheit, Jugend und Reichtum und sah Krankheiten, Altern, Armut und Sterben. Wäre er im Ego-Modus geblieben, hätte dies zu einer schweren Depression geführt. Der übergroße Leidensdruck ließ ihn alles aufgeben, zuerst den Weg des Bettlers und danach den des wohlhabenden Mannes. Doch diese Wege verstärkten eher sein Leid. Was aber letztlich positiv war. Führten sie Buddha doch zum Platz unter dem Bodhi-Baum, einer einfachen Pappelfeige, wo er schließlich die Wahrheit erkannte und somit die Erleuchtung erfuhr.

Erst ohne alles, und damit sind nicht nur Besitztümer gemeint, sah er den „Alten Weg", den man nur „nackt" durchschreiten kann, um dann schließlich durchs sogenannte „Torlose Tor" (1) zu schreiten.

Übrigens kann man dies in vielen Märchen und Sagen und auch in heiligen Schriften nachlesen. Jesus sagte zum Beispiel in seiner Bergpredigt zu seinen Jüngern sinngemäß, dass das enge Tor zum Leben führt.

Nun wird manche oder mancher, der dies liest, sich fragen, was ihm das alles hier nützt, denn seine Probleme lösen und Glückseligkeit erreichen kann man auch auf anderen Wegen. Ich kenne diese Wege und sie sind auch auf den ersten Blick die Lösungswege, welche der Mensch in erster Linie zur Problemlösung nutzt.

Das Reden mit der Familie, den Freunden, Kollegen, dem Arzt und Psychologen kann helfen und führt auch zu Erkenntnissen. Nur sind die sehr oberflächlich und meistens nicht von Dauer, um kennenzulernen, das Gegenteil bewirken. Verdrängung und die Ratschläge wie „Schau dir andere an, denen geht es viel schlechter, sieh, was du alles hast, denke positiv, treibe Sport, verreise, gönne dir mal was, du hast es dir verdient usw." sind kurzzeitig auch hilfreich, nur weisen sie oft auf das große Tor.

Der Weg zur Wahrheit und Erkenntnis führt aber durch das kleine Tor, welches meistens versteckt und unbequem zu erreichen ist und sich auch noch dort befindet, wo keiner hinmöchte. Erst mit Annahme seiner Situation und Aufgabe seiner persönlichen Forderungen, wie Jesus in der Wüste und Buddha unter dem Bodhi-Baum erfahren musste, öffnet sich das „Torlose Tor" und man sieht den alten Weg zum Paradies sowie die Antwort auf alle Fragen.

(1) Das „torlose Tor" ist ein Koan (2) aus dem Zen-Buddhismus, das einen Widerspruch beschreibt.

Man kann es so verstehen, dass, wenn wir diese Welt hier verlassen, um in eine Art Himmelswelt hinüberzugelangen, wir durch ein Tor gehen müssen, welches nicht existiert.

(2) Ein Koan ist eine widersprüchliche Frage, welche nicht logisch zu beantworten geht, dadurch aber den Fragenden zur Erkenntnis führt.

(3) Neuendorf Testament dem Matthäusevangelium, Kapitel 7, Verse 13:14, bei Markus 8:34

Der Einsiedler und die Welt – über Verantwortlichkeit und Schuld

Wir Menschen sind überzeugt, dass Individualität ein Recht und Bestandteil der Freiheit ist. Viele Menschen denken auch, dass der, der nichts tut, auch nichts bewirkt. Diese menschlichen Sichtweisen sind weder falsch noch sind sie richtig.

Wenn ich hier schon sagen würde, dass Individualität, im Sinne von „Ich bestimme mein eigenes Leben" nur Schein ist, würde wohl ein großer Teil der Leser mir sofort widersprechen wollen.

Aber leider ist es so, dass bereits alles Individualität besitzt. Die Vorstellung, dass erst Individualität geschaffen werden müsste, existiert nur in der menschlichen Denkweise. Der Ursprung für diese Denkweise liegt in der Vermehrung der Form, zum Beispiel durch Paarung. Da wir Teil eines Ganzen sind, ist Individualität nicht unbegrenzt möglich. Dies ist vergleichbar mit einem Puzzlestück, welches nur an eine bestimmte Stelle im Puzzle-Bild passt. Diese Stelle ist kausal vorbestimmt. Es mag sein, dass bei erster Betrachtung der eine oder die andere überzeugt ist, dass sie freiwillig eine Entscheidung getroffen haben. Doch dies ist bedauerlicherweise nicht so. Diese Entscheidung erzeugt das Leben, besser gesagt, die Kausalität des Universums. Man hat keine Wahl, wo und in welche Familie man geboren wird. Man hat keine Wahl über seinen Gesundheitszustand. Man hat keine Wahl über seine körperliche Konfiguration. Selbst, der gesund lebt, stirbt. Jeder hat den Beruf, zu dem er geeignet ist. Dies trifft auch auf die Partnerschaft zu.

Alles im Universum ist einzigartig. Es entsteht und vergeht. Aber selbst diese Sichtweise ist falsch. Da es sich hier um ein „Etwas" handelt, das aus vielem besteht, besser gesagt, das Viele ist, das Etwas. Stellt man sich das alles als ein Bällchenbad vor, welches zwischen den Bällchen keinen Raum hat, kann man erahnen, was passiert, wenn ein Bällchen durch einen Schubs, also Energien, bewegt wird. Es verändert seine Lage und damit die Lage aller Bällchen ringsum, somit das ganze Bällchenbad. Damit ist klar, dass wir individuell sind, unser Handeln sowie unser Umfeld individuell ist und damit alles Individualität besitzt.

Dass selbst das Universum individuell ist, stellt niemand infrage, nur sehen nicht alle, dass es gar keine andere Möglichkeit gibt. Gleich und unterschiedlich sind nur Hilfsbegriffe und dienen als Werkzeug, um Dinge und

Situationen hinsichtlich ihres Gefahrenpotenzials und ihrer Nutzbarkeit zu beurteilen.

Ähnlich wie ein Uhrwerk, nur mit unterschiedlichen Zahnrädern, wird jeder von allem beeinflusst und umgekehrt beeinflusst auch jeder alles und dient damit immer dem Ganzen.

Hier ist das Universum gemeint und nicht eine Sache. Schließlich handelt es sich hier um reines Dienen. Ein „Dagegen" kann es nicht geben, außer das Universum verschwindet in ein absolutes Nichts, also etwas Masse- und Energieloses. Die Antwort der Hypothese erklärt sich schon aus dem im vorherigen Satz enthaltenen Wort „etwas".

Doch jetzt zurück zum Thema des Kapitels. Wie bereits zuvor mit dem Uhrwerk verglichen, muss selbst, wer nichts tut, etwas tun, weil er durch das Umfeld bewegt wird, so wie er auch selbst das Umfeld bewegt. Durch die Beeinflussung seines Umfeldes wird er bewegt und gestaltet. Dies bedeutet, dass es aus Sicht des Universums, keinerlei Schuld gibt, denn Schuld verlangt ein willentlich handelndes „Etwas".

Nun sieht das hier nach einer Legitimation für jegliches Handeln aus. Aber so einfach ist das jetzt auch wieder nicht. Denn wie zuvor erwähnt, hat jede Handlung Konsequenzen, welche letztlich auch wieder auf den Handelnden einwirken. Er wird sozusagen zum Beispiel bestraft oder gelobt, krank oder berühmt und so weiter und so weiter. Das Wie und Wohin bestimmt kausal das

Umfeld und hat bereits das Universum zu Beginn aller Zeiten bestimmt.

Wer also denkt, dass nur das aktuelle Umfeld Einfluss nimmt, ist auf dem Holzweg. Es wurde schon weit vor Beginn bestimmt. Aber da ist kein Bestimmer, sondern nur ein Bestimmen.

Wenn man die Sache genauer betrachtet, gibt es da keine Trennung, denn wir sind das Umfeld und das Umfeld sind wir. Die wahren Meister der Philosophien und Religionen wissen dies. Sie sind deshalb demütig, gütig, tolerant und friedfertig. Sie lassen sich beschimpfen, verleumden und sogar töten. Das ist kein Mut und auch keine Opferbereitschaft, wie sie dem Märtyrer zugesprochen wird. Das ist Wissen um die Dinge und deren Zusammenhänge. Sie haben das Göttliche erkannt. Damit ist aber nicht gemeint, was Religionen aufgrund ihrer menschlichen Betrachtungsweise manchmal noch daraus interpretieren. Da ist etwas, was alles ist, und da ist ein Alles, das etwas ist. Es sagt bedingungslos zu allen ja. Ob es einem gefällt oder nicht, es und wir haben hier keine Wahl.

Das Göttliche

Im Kapitel „Sein ohne höhere Macht" wird diese Möglichkeit beschrieben. Ein willentliches Etwas müsste demnach das Ganze sein, damit es Teilchen und Energien verändern kann. Die Teilchen sind da, wo sie sich jetzt befinden, aufgrund eines langen kausalen Prozesses. Von da, wo sie sich jetzt befinden, woanders hin zu bewegen, funktioniert nur durch kausale Änderung, welche aber nur stattfindet, wenn Änderungen an den Teilchen vorgenommen werden. Durch diese Änderungen entsteht eine andere Kausalität und diese bewirkt andere Energien und damit auch Bewegungen. Das Umfeld wird dabei mitverändert und damit letztlich das ganze Universum. Dass Änderungen an Teilchen möglich sind, stelle ich nicht in Abrede, nur braucht man dafür Energien, und diese entstehen nur mit entsprechender Polarisierung. Die Polarisierungen werden aber von den Teilchen geliefert. Also, woher bekommt es die dafür geeignete Energie?

Ich erinnere nochmal: Hier geht es um ein Etwas, das die Möglichkeit besitzt, ohne Kausalität willentlich zu handeln. Gehen wir also bei der weiteren Betrachtung davon aus, dass derartige Änderungen stattfinden könnten. Nun gut, ich denke, dass das, was alles ursprünglich geschaffen hat, auch dieses Problem lösen würde. Dann würde es trotzdem mit jeder Änderung das gesamte Universum komplett umgestalten, um nicht zu sagen, ein neues Universum erschaffen.

Durchaus wird von den Religionen diese Eigenschaft dem Handeln Gottes zugeordnet. Jedoch frage ich mich: Wenn alles ringsum nur kausal agiert und zum Schluss die Rechnung immer aufgeht, ist dann nicht der scheinbar willentlich Handelnde auch nur Teil der kausalen Kette? Und ist damit sein Handeln überhaupt willentlich, denn schließlich ist es gezwungen, Naturgesetze, also Kausalitäten, zu benutzen, damit etwas Funktionierendes entsteht? Denn wenn es nicht funktioniert, wird es automatisch wieder in das große Kartenspiel des Universums eingemischt. Alle seine Bemühungen, die Sache zu erhalten, würden alles noch verschlimmern. Damit ist selbst dieses scheinbar freie Handeln nicht willentlich, da die Kausalität schließlich die Richtung des Handelns bestimmt, welches dann zur Folge hat, dass neue Formen entstehen und vergehen und sich dabei einer Entwicklung unterziehen.

Wie gesagt, die Formen wären ähnlich und sogar die gleichen, denn nur funktionierende Formen überleben und entwickeln sich weiter.

Das „Etwas" würde immer nur andere Entwicklungsrichtungen bestimmen, was aber weder gut noch schlecht wäre, da es, wie gesagt, beides im Universum nicht gibt.

Das hier bestätigt in gewisser Hinsicht die Theorie vom Urknall (1) nur vermute ich, dass es sich nicht nur vom Ursprünglichen weg, sondern auch wieder hin bewegt.

Die wichtigste aller Fragen hier ist aber: Warum glauben wir, dass das, was alles geschaffen hat, wie wir ist? Weil unser Gehirn es letztlich für plausibel hält und scheinbare Sinnlosigkeit nicht versteht. Denn es will uns vor Gefahren schützen, und dazu muss es beurteilen. Was hier aber nicht möglich ist, weil das Handeln scheinbar keinen Sinn ergibt. Und so gibt es dem Ding eine Persönlichkeit und dichtet der dann willentlich Handlung zu und beurteilt dann dementsprechend die Ereignisse. Dass diese kausal so entstanden sind, wird dabei verleugnet oder gar nicht erst geprüft.

In Zusammenhang mit diesem Kapitel möchte ich Folgendes noch bemerken. Ob mein schriftliches Nachdenken nun letztlich den Tatsachen und damit der endgültigen Wahrheit entspricht, wird die Praxis zeigen. Warum ich aber auf keinen Fall behaupten möchte, dass dies der Weisheit letzter Schluss ist, liegt einfach daran, dass ich mich hier auf ein Terrain begeben habe, für dessen endgültige Erschließung mein Gehirn nicht ausgelegt ist.

Da dieses Gehirn aber selbst Produkt von all diesem hier ist und damit eine kausal strukturierte Denkweise hat, setzt es wiederum kausal logisch, die gespeicherten Informationen nur so zusammen, dass sie letztlich ein Bild ergeben oder funktionieren. Das Bild oder die Funktion wird dabei vom Gehirn anhand seiner, aus der Praxis gesammelten Erfahrungen, geprüft.

Wissen und Erfahrungen sollten aus meiner Sicht immer skeptisch betrachtet und in jedem Fall auf Plausibilität geprüft werden. Diejenigen, welche ungeprüft Informationen als Wahrheit übernehmen, unterliegen oft einer sehr starken Konditionierung durch ihr Umfeld. Diese Gehirne überprüfen zwar auch plausibel, nur bringen sie zu sehr die Komponente „Angst vor Strafe" ins Spiel, welche wiederum vom derart konditionierten Umfeld als Machtmittel bei der Erziehung eingesetzt wurde.

Schuld daran ist hier niemand, denn das Umfeld hatte es oft von den vorhergehenden Generationen selbst so erfahren.

Warum Machtausübung stattfindet, liegt auch wiederum am kausalen Auswahlverfahren, denn scheinbar funktioniert Machtausübung. Das bedeutet, es hilft, zu überleben und in einem gewissen Maße sich weiterzuentwickeln.

Leider lehrt es damit auch Unwahrheiten. Dies ist dann aber auch die Ursache für seinen späteren Verfall oder die Entstehung einer qualitativ besseren Form.

Ja, und hier sieht man wieder, dass alles seine Notwendigkeit und Funktion hat, und man sieht auch, dass ein Prozess und nicht ein Etwas, die Dinge beeinflusst. Es ist aber ein Organismus, der wie ein Uhrwerk funktioniert, nur dass Massen und Energien nicht verloren gehen. Für mich ist dieses Wunderwerk etwas Göttliches, hat aber keine Persönlichkeit, da es alle Persönlichkeiten beinhaltet.

(1) https://de.wikipedia.org/wiki/Urknall
Als Urknall wird in der Kosmologie der Beginn des Universums, also der Anfangspunkt der Entstehung von Materie, Raum und Zeit bezeichnet.

Leben nach dem Tod

Wir Menschen möchten gerne ein Leben nach dem Tod. Was wir aber wirklich meinen, ist, dass die Eigenwahrnehmung, welche unser menschliches Leben ausmacht, weiterhin mehr oder weniger bestehen bleibt.

Auch wenn die Intellektuellen, Gläubigen und vor allem die Esoteriker hier noch andere Möglichkeiten nennen, läuft es doch letztlich auf das zuvor Beschriebene hinaus.

Leider lässt sich damit viel Schindluder treiben und sie lässt sich für Machtzwecke missbrauchen.

Wie es bereits viele Weisheitslehrer schon gesagt haben: Das Leben ist immer da, denn das Universum ist das Leben selbst. Ohne Leben gibt es kein Universum und umgekehrt genauso.

Doch was genau ist Leben und was dann Tod? Die einfachste Antwort, welche der Wahrheit am nächsten liegt, und ich meine sogar, dass sie der Wahrheit entspricht, ist, dass Leben Bewegung und Tod Stillstand ist. Für die meisten Menschen ist Leben aber Wahrnehmung und alle Nichtwahrnehmung Tod.

Darum ist für den Menschen mit seiner Denkweise das Leben der Zeitablauf zwischen Geburt und Sterben. Dabei ist es der Zeitraum, in dem das Leben sich selbst wahrnimmt. Was der Mensch also über den Tod hinaus möchte, ist kein Leben, er will in der Hauptsache Selbstwahrnehmung. Denn das, was er nach dem Tod verliert, ist jegliche Wahrnehmung, unter anderem auch die Selbstwahrnehmung, welche ihn als Menschen ausmacht. Das bedeutet, er kann keine Informationen mehr aufnehmen und verarbeiten. Damit entstehen auch keine Emotionen mehr.

Ich habe lange Zeit geglaubt, dass mit dem Tod alles verloren geht. Dann kamen die Religionen ins Spiel. Ich hoffte und betete, dass wenigstens ein Teil vom Ideellen bleibt. Doch leider endet hier alles mit Glaube und Vertrauen, mir fehlte einfach das Wissen. Schließlich war es der Zehn-Buddhismus, der mir den Spiegel vorhielt.

Dieser starke Wunsch nach einem Leben nach dem Tod entspringt einer tiefer liegenden Sehnsucht nach Gemeinschaft und Wiedervereinigung mit dem Ursprünglichen.

Unsere Selbstwahrnehmung erzeugt das Gefühl einer Isolation vom Umfeld. Dies tut es, damit wir uns schützen können. Denn schützen will sich nur etwas, das ein Gefühl hat, etwas zu sein. Wir wollen wieder nach Hause und mit unseren Lieben vereint sein. Doch wie der Volksmund schon sagt: Man kommt mit nichts auf dieser Welt und geht mit nichts.

Doch dieses Nichts ist kein wirkliches Nichts. Es ist die wahre Fülle, welche wir bedauerlicherweise oft erst dann erkennen, wenn alles das verloren gegangen ist, wo wir dachten, dass dies die Fülle wäre.

Ich kann mir durchaus vorstellen, dass hier einige nicht mehr folgen können, und das kann ich auch verstehen. Es braucht dazu diesbezügliches Grundwissen oder Erfahrung. Das ist aus meiner Sicht auch gut so, denn jeder, der hier die Tür zur Erkenntnis nur einen Spalt breit öffnet, sieht gleich das Ganze, und das kann sich auch negativ auswirken.

Der Augenblick ist Ewigkeit, so sagen es schon die Buddhisten, viele Weisheitslehrer und in Wahrheit auch alle Religionen, und so sehe ich das auch.

Wie heißt es so schön: Gott ist alles und alles ist Gott. Er ist Vater, Sohn und Heiliger Geist und auch der Prophet. Damit sind wir nach dem Tod, wie vor dem Tod das, aus dem alles ist. Wir müssen nicht zu einem anderen Ort hingehen, um ein Zuhause zu finden. Denn wir waren, sind und werden immer zu Hause sein, weil das, was wir materiell und ideell waren, Teil des Universums ist.

Da es ohne Bewegung kein Universum gäbe, ist das Universum pures Leben. Also gibt es keinen Tod im Universum, sondern nur Veränderung. Ich vermute mal, dass dieser Schluss nicht das ist, was der Mensch sich wünscht, und das ist auch seiner Menschlichkeit geschuldet. Schließlich ist er doch, wie jede Form, darauf aus, so lange wie möglich zu funktionieren, um sich zu vermehren und weiterzuentwickeln. Es ist eine Art Programmierung, aber kein wirklicher Wille, wie es der Mensch sich vorstellt. Darum wird es vor dem Aufgeben immer den Kampf geben.

Durchaus soll es buddhistische Meister gegeben haben, die scheinbar ohne Kampf das Leben verlassen konnten. Das klingt sehr romantisch, ist aber ein Irrtum. Deren tägliches Training und Üben bis zur völligen Erkenntnis, auch Erleuchtung genannt, waren der Kampf.

Die Geschichte vom Mann, der sich am Abhang an einer Wurzel festhielt, an der eine Maus nagte, und wusste, dass über und unter ihm ein hungriger Tiger lauerte, trifft die Sache am besten.

Da war keine Hilfe, kein Ausweg, keine Hoffnung. Er gab auf, ließ alles so, wie es ist, und genoss mit allen Sinnen den Augenblick und die köstliche Beere, welche er in unmittelbarer Nähe mit einem Arm pflücken konnte, und war zum ersten Mal frei. Dabei erkannte er aber auch, dass er schon immer frei gewesen war.

Sterben und Leben, was ist das schon, wenn man das Universum selbst ist? Man weiß einfach, man war, ist und wird immer zu Hause sein. Dieser Schluss ist schlüssig und macht dies hier für mich eher sinnvoll und gibt mir den Frieden, der höher ist, als alle Vernunft. Wer es erkennt, ist hier schon am Ziel der Reise, alle anderen reisen weiter. Übrigens ist Reisen auch ein Ziel, man muss nicht immer ankommen.

Die Liebe

Die Liebe ist das Kernthema des Universums, denn sie ist nicht nur das Ziel, sondern auch gleichzeitig der Mechanismus, durch welchen alles überhaupt existiert und funktioniert.

Wir Menschen haben die Liebe in viele Kategorien aufgeteilt, dabei gibt es im Grunde nur eine. Die Aufteilung erfolgte, weil auch diese Form, kausal bedingt, nach ihrem Nutzen und Gefahrenpotenzial eingestuft werden muss. Evolutionär ist hier ein Gefühl entstanden, das so stark ist, dass es vor nichts zurückschreckt. Und das in positiver sowie auch in negativer Hinsicht.

Der Mensch hat bei der Liebe keine Wahl, denn sie ist der ureigenste Antrieb und zwingt ihn förmlich zum Handeln. Andererseits hätte er diesen Antrieb nicht, wäre seine Spezies schon ausgestorben.

Wie zuvor erwähnt, ist die Liebe das alles zugrunde liegende. Wer die Liebe in ihrem Wesen erkennt, erahnt, warum das alles hier existiert, und sieht die Kausalität in den Dingen. Überprüfen kann er das praktisch damit, indem er sich die Frage beantwortet, warum er unvermeidlich sterben wird.

Die Liebe ist das JA zu allem und ist Haupttriebkraft von Entwicklung, Vermehrung und Überleben.

Aber sie vernichtet, unterdrückt, trennt und lässt auch aussterben. Sie erschafft und vernichtet. Die Urvölker haben diese Eigenschaften ihren Hauptgöttern zugesprochen.

Für uns klingt Zerstörung grausam. Aber das ist nur so, weil wir es aus dem Ego-Modus betrachten. Wir wollen geliebt und anerkannt werden, dabei gesund und erfolgreich sein, eine große Familie und viele Freunde haben. Einsamkeit und Anlehnung sind dabei unsere größten Angstgegner.

Dass wir die Liebe im Wesentlichen mit der partnerschaftlich-sexuellen Beziehung verbinden, ist hilfreich und liegt der Wahrheit näher, weil sie alles hat, was Liebe ausmacht.

Man könnte meinen, dass körperlich-sexuelle Liebe, welche scheinbar der Vermehrung dient, die Hauptform aller Liebesformen stellt und die anderen eher nur zuträglich sind, aber das ist nur scheinbar.

Platonische Liebe zum Beispiel, erzeugt den Eindruck, dass sie zum Stillstand für Vermehrung und Entwicklung führt. Dies ist aber nur scheinbar, denn durchaus können diese Beziehungen harmonischer sein und sich damit positiv auf das Umfeld und die Erziehung des Nachwuchses auswirken.

Heterosexuelle Liebe kann zwar zur Vermehrung beitragen, aber auch viel Leid und Vernichtung erzeugen.

Das für wahre Liebe erbarmungslose Auswahlverfahren, welches wir mit viel Romantik schmücken, hat schon vielen das Leben gekostet. Doch selbst die Kenntnis von der möglichen Gefahr hindert uns nicht, den Schritt zu wagen, sondern gibt dem Ganzen eher noch ein besonderes Etwas.

Warum setzen wir uns diesem Risiko aus, suchen den Nervenkitzel und lieben das Abenteuer? Es wurde hier evolutionär, also kausal, in uns ein Grundgefühl entwickelt und sogar genetisch gespeichert, welches dem Gedanken um die Vernichtung trotzt und sogar in Kauf nimmt. Und diese nur, um dieses Gefühl in seiner größtmöglichen Form zu erfahren, damit die scheinbar bestmögliche Form entsteht.

Das kausale Auswahlverfahren, welches die Formen entstehen und auch wieder vergehen lässt, ist aber nur das Handelnde hier. Die Liebe dagegen ist das Göttliche in allem, ähnlich einer Matrix, denn schließlich und letztlich ist sie das alles Bejahende.

Dass es hier auch unendlich viele, menschlich betrachtet, gute und schlechte Formen geben muss, liegt am riesigen Pool an vorhandenen Möglichkeiten und Dingen. Dass wir bestimmte Liebesarten nicht akzeptieren, hat mit unserer menschlichen Entwicklungsstufe zu tun. Durchaus kann es sein, dass wir in dieser Stufe steckenbleiben, zurzeit sieht es jedenfalls danach aus.

Für mich ist dies verständlich, denn wie die Frucht am Baum braucht es Zeit. Es müssen vermutlich noch sehr viele weitere kausale Einflüsse wirken und Entwicklungsstufen entstehen, welche dann zu einer Erkenntnisstufe führen, die uns nicht gegenseitig vernichten, sondern zusammenleben lassen.

Vorzeitiges Erzwingen führt leider eher zum Untergang. So komisch es auch klingen mag, ein Untergang wäre der

Sache sogar zuträglich. Wir kennen es durch die Beobachtung der Natur. Wo Altes vergeht, entsteht meistens etwas Neues, qualitativ Besseres.

Somit bestätigt sich hier das zuvor Gesagte, dass auch ein Vernichten oder Untergang letztlich aus Liebe geschieht und damit der Liebe zugehörig ist.

Wie heißt es in einem Songtext: Liebe ist alles. Wer diese Erkenntnisse tiefgründig verstanden hat, wird die Welt mit Buddhas Augen sehen und ist am Ziel einer langen Reise angekommen.

Die rationale Betrachtung der Trauer

Die Trauer möchte, dass die Dinge so bleiben, wie sie sind. Sie animiert uns, alles so lange wie möglich zu erhalten. Starke Gefühle sind emotionale Mauern. Sie haben sich kausal gebildet, um uns vor einer möglichen Gefahr zu schützen. Andererseits zwingen sie uns auch zum Handeln, um die eigene Art zu erhalten, sich zu vermehren und weiterzuentwickeln.

Die Gefühle sind, genau wie unser Organismus, nicht einfach so entstanden, sondern das kausale Auswahlverfahren hält sie für unbedingt notwendig und hat sie dadurch entstehen lassen.

Die Liebe nimmt dabei eine sehr zentrale Rolle ein. Alle Religionen, viele Esoteriker und Weisheitslehrer halten sie für die ursprüngliche oder auch die göttliche Kraft in allen Dingen. Ich stimme dem zu, denn schließlich ist sie im Kern die reine Lebensbejahung, und alle anderen Emotionen sind zwar nicht so offensichtlich, aber doch letztlich auch eine Art Liebe, denn sie dienen dem Leben.

Bei der Trauer ist die Liebe deutlich erkennbar. Schwieriger wird es bei den anderen negativen Gefühlen, wie zum Beispiel bei Hass, Ekel, Neid und Verachtung. Diese scheinen negativ, haben aber in der Hauptsache eine schützende Funktion und dienen damit der Erhaltung, Vermehrung und Entwicklung.

Auch wenn durch das Ausleben der negativen Gefühle scheinbar alles vorhandene Leben vernichtet werden würde, hätte das alles, so paradox es klingen mag, den Zweck, das Leben zu erhalten. Denn schließlich kann das Leben nicht vernichtet werden und es muss anderseits auch nicht erhalten werden. Es ist nun mal das kausale Zusammenspiel der vorhandenen Teilchen und Energien. Wenn es das nicht gebe, gebe es gar nichts.

Die Teilchen und Energien mit dem kausalen Auswahlverfahren bilden und sind gleichzeitig den Pool des Lebens, auch Universum genannt.

Anfang und Ende sind nur scheinbar, denn alles ist ständig im Wandel. Die menschliche Ansicht, dass alles sich auf ein Ziel hin entwickelt, entsteht oder vergeht, ist nicht korrekt. Die Ursache dafür ist sein begrenztes Erfassungsvermögen, welches wir aber in dieser Form zum Überleben benötigen. Dieses Erfassungsvermögen verdrängt das wahre Bild und gibt uns Menschen einen Sinn für unser Leben, in dem es auf eine paradiesische Zukunftsperspektive verweist. Dabei ist alles schon da, auch wenn das eine oder andere erst noch entstehen muss oder es sich gerade nicht in unserem Sichtfeld befindet.

Wir leben im Paradies, können es aber aufgrund unserer menschlichen Programmierung nicht erkennen. Das Erkennen des Paradiesischen in allem, führt und ist die „Erleuchtung", nach der wir suchen, und welche viele erstreben wollen.

Die Trauer ist ohne unsere menschliche, gedankliche Einmischung eine von den vielen Blumen im Paradies und der Freude gleichgestellt.

Gut und Böse

Die Frage, um die es hier geht, wurde bereits von einigen Philosophen und Weisheitslehrern behandelt. Eigentlich gibt es kein Gut und auch kein Böse, doch fürs Überleben und Weiterentwickeln sind sie unbedingt notwendig. Bei Gut und Böse geht es einerseits um Polarisierung, andererseits um Gefahreneinschätzung.

Die unterschiedlichen Energien schaffen Polarisierung und erschaffen wiederum Energien. Ohne Energie keine Bewegung, also auch keine Entwicklung der Formen. Es sind somit die kausalen Voraussetzungen für das Vorhandensein des Universums.

Polarisierung macht alles erst sichtbar. Weisheitslehrer erklären dies mit folgendem bildhaften Vergleich: Wenn alles eine Farbe hätte, gäbe es keine Farbe.

Mit anderen Worten: Wenn alles böse wäre, gäbe es auch kein Böses.

Die Unterscheidung in Gut und Böse, und hier kommen wir zur zweiten Notwendigkeit der dualen Unterscheidung, ist eine rein menschliche Benennung und dient zur Gefahreneinschätzung und damit zum Überleben. Entstanden ist dieser Mechanismus durch das kausale Auswahlverfahren.

Jedes Lebewesen nutzt es, denn es ist die einzige Möglichkeit, Gefahren zu erkennen und zu beseitigen oder ihnen aus dem Weg zu gehen. Damit ist sie auch mit der Voraussetzung, dass Entstehen und Entwicklung, besser gesagt, eine Schöpfung stattfindet.

Diese zwei Pole verursachten eine Lebensform, wie wir es sind. Sie schafften einen Organismus, der mittels sinnlichen Erfassens und eines Gehirns überlebenswichtige Informationen aufnehmen und speichern kann. Gleichzeitig ist er damit in der Lage, Gefahren zu erkennen, geeignete Mittel herzustellen und Maßnahmen einzuleiten. Alles zusammen bildet einen starken Schutz und sichert das Überleben. Hier kann man sehen, dass diese Entwicklung nicht willentlich, sondern notwendigerweise vonstatten ging.

Wenn ein göttliches Wesen, etwas Derartiges wie den Menschen erschaffen wollte, müsste es dieselben Voraussetzungen schaffen.

Wie zuvor erwähnt, sprechen wir hier von der Entstehung des Menschen in der Form, wie er es jetzt ist. Es geht hier nicht um menschenähnliche Wesen. Hier gibt es wie in allem keine Wahlmöglichkeit. Der Werdegang der Entwicklung des menschlichen Gehirns entstand und funktioniert auch heute noch auf der Grundlage eines Schutzmechanismus.

Der Schutzmechanismus entstand auch nicht zufälligerweise, sondern entwickelte sich durch das, schon mehrfach erwähnte, kausale Auswahlverfahren. Es überlebten, vermehrten und entwickelten sich nur die Formen, die durch dieses Auswahlverfahren besaßen.

Parallel dazu entwickelte und verbesserte sich aber auch das Auswahlverfahren. Es ist wie bei einem Pendel, das einmal angestoßen sich hin (Entwicklung der Form) und her (Verbesserung des Auswahlverfahrens) pendelt. Es wird nur nicht langsamer, sondern schneller.

Das Gehirn macht genau genommen den ganzen Tag nichts anderes, als mithilfe der Sinne als Sensoren, das Umfeld nach Gefahren abzusuchen.

Dies tut es, indem es die aktuelle Situation mit seinen gespeicherten Erfahrungen und angeeignetem Wissen vergleicht, um dann mittels kausalem Ausschlussverfahren, die Reaktion zu finden, welche ein Überleben sichert.

Die emotionsgeladenen Informationen haben dabei einen besonders großen Einfluss. Je stärker diese Erfahrungen sind, desto mehr körperliche und geistige Ressourcen werden aktiviert und zum Überlebenskampf eingesetzt.

Da aber nur auf das vorhandene Wissen, welches nur einen begrenzten Umfang hat, zugegriffen werden kann, führt es dazu, dass nicht alle Entscheidungen das Überleben sichern. Durchaus kann es sogar auch zum Gegenteil führen.

Die Selbstwahrnehmung und das Nicht-Erkennen dieses Auswahlverfahrens lassen für uns Menschen die Sache dann so aussehen, als ob wir durch ein „ICH" willentlich

Einfluss nehmen würden. Dieses Ego-Bewusstsein ist aber zum Überleben notwendig. Dasselbe Auswahlverfahren hat es so entstehen lassen.

Die kausale Entwicklung verläuft aber auch nicht eingleisig. Sie wird vom Umfeld beeinflusst und beeinflusst das Umfeld aber auch wiederum.

Zum Beispiel wird das Ego-Bewusstsein durch die menschliche Gemeinschaft verstärkt. Eltern, Lehrer, Freunde und andere Mitglieder der Gesellschaft erzeugen durch sogenannte Erziehung und vorbildliches Handeln eine Konditionierung (Programmierung). Dabei wird das Ego permanent bestätigt und gefördert, aber auch getadelt und bestraft, was dazu führt, dass der Einzelne von der Gemeinschaft nicht nur stofflich, sondern auch emotional abhängig wird. Die Gemeinschaft bleibt damit zusammen und ist somit stärker gegen äußere Angriffe gerüstet. Es entsteht sozusagen eine Art Gruppen-Organismus, welcher so besser in der Lage ist, sich gegen äußere Widrigkeiten durchzusetzen.

Den lebenden Beweis finden wir besonders bei Tieren, welche in Herden, Rudeln oder Schwärmen leben und damit größere Überlebens- und Entwicklungschancen haben. Bei uns Menschen sind es Familien, Vereine, Gesellschaften, Klans, Stämme, Dörfer, Städte, Länder, Staatengemeinschaften und so weiter.

Aber nicht nur Lebewesen sind es, die uns derartig beeinflussen. Auch alle anderen Formen in unserm Umfeld – ach, was sage ich, im Universum – haben einen entsprechenden Einfluss.

Daraus lässt sich schlussfolgern, dass ein willentlich handelndes Wesen nicht nur unnötig ist, sondern auch die ganze Sache in Gefahr bringen würde. Was wiederum bedeutet, dass kausal keine Notwendigkeit für ein unabhängig und willentlich handelndes Wesen besteht und es deshalb auch nicht evolutionär in der Form entstanden ist. Es wäre zu schwach. Und wäre es auch riesig, es wäre zu instabil.

Das trotzdem ein Wesen, das sich einbildet, unabhängig und willentlich zu handeln, entstanden ist, liegt wohl auch an der Notwendigkeit. Denn nur so kann es sich einer Gemeinschaft zuordnen.

Das Vorhandensein einer Form, welche wir Persönlichkeit nennen, wird damit nicht in Abrede gestellt. Es ist nur kein einzelnes „Etwas", sondern sie setzt sich, wie auch unser Körper, aus vielen unterschiedlichen Komponenten zusammen, welche alle kausal miteinander und mit der Umwelt agieren.

Wenn man so will, gibt es kein handelndes Etwas, sondern nur ein Handeln. Diese hier dargestellte Erkenntnis, wurde übrigens bereits durch viele Weisheitslehrer und Weltanschauungen bestätigt.

Dieses Wissen ist den Menschen schon lange bekannt, wird aber aus den kausal entstandenen und bereits genannten Selbstschutzgründen nicht von der Menschheit realisiert. Derartige Erkenntnisse werden nur dem Suchenden zugänglich, welcher mit der Klarheit eines Zen-Buddhisten die Welt betrachtet.

Denken allein führt hier nur dazu, dass unser Gehirn die Zerstörung und Auflösung des imaginären Ichs befürchtet. Der Schutzmechanismus würde nicht mehr funktionieren, denn es gibt einfach nichts mehr, das man schützen müsste. Darum werden die neuen Aussagen weder angenommen noch geprüft, sondern man bleibt lieber im gedanklichen Fahrwasser der bereits für sich übernommenen Wissensbausteine. Schließlich waren diese ja von anerkannten Experten oder durch Eigenerfahrung geprüft worden und bilden damit keine Gefahr, sodass man entspannt agieren kann.

Trotzdem kommt es vor, dass bei einigen von uns – und meistens sind es diejenigen, welche sich im jetzigen gedanklichen Fahrwasser nicht wohlfühlen – ein starker Drang zur Suche nach der Wahrheit entsteht. Durchaus kann es sein, dass dann Wissen und Erfahrung in eine Art Widerspruch geraten und damit für das Gehirn keinen logischen Schluss ergeben.

Dieser meistens widersprüchliche Schluss, aktiviert eine Art Schutzmechanismus, der das Gehirn veranlasst, eine Lösung zu finden, um eine mögliche Gefahr auszuschließen und abzuwehren.

Leider kommt es dabei vor, dass diesen Widerspruch Menschen erfahren, welche vom Leben darauf nicht vorbereitet oder eingestellt worden sind. Sie sehen nur die Nichtexistenz. Dabei handelt es sich nicht um Leere, sondern um Fülle, denn wir sind Teil eines Ganzen. Wir sind nicht ein einsames Treibgut auf hoher See, wir sind der See, und zwar mit allem hier zusammen.

Vom Unterschied der Formen über den Weg bis zum Ziel der Erkenntnis

Im Allgemeinen unterscheiden wir Menschen die Dinge auf der Grundlage ihrer Eigenschaften. Die kausale Ursache, warum wir unterscheiden und vergleichen, kommt aus dem Antrieb, zu überleben, sich zu vermehren und weiterzuentwickeln.

Die grundlegenden Fragen dabei sind: Geht von dem Ding oder der Situation eine Gefahr aus, um welche Gefahr handelt es sich und wie kann ich die Gefahr abwehren? Bestimmt gibt es hier noch weitere Fragen, welche die Situation beurteilen, nur kommen diese vom Ego-Bewusstsein.

Die Kriterien zur Entscheidung sind abhängig vom jeweiligen Entwicklungs- und Informationsstand des vorhandenen Gehirns bzw. Nervensystems.

Es bedarf also einer Konstruktion aus Datenaufnahme, -weiterleitung und -speicherung sowie eines entsprechenden körperlichen Umfelds zur Energieversorgung. Die mir bekannte kleinste Konstruktion ist die Zelle, bin aber der Meinung, dass es noch kleiner geht. Die größte mir bekannte ist das Universum.

Grundprogrammierungen sind die wichtigsten Voraussetzungen, denn sie sind der Antrieb für alles.

Bei Menschen zum Beispiel beeinflussen krankheitsbedingt, eingeschränkte und auch durch ein schwieriges Umfeld konditionierte Denkarten, sehr stark den Entwicklungsprozess.

Dass es damit den einen oder anderen Menschen trifft, hat nichts mit ihm zu tun, sondern unterliegt seiner Grundprogrammierung und seinem daraus entstandenen kausalen Entwicklungsprozess.

Diese Grundprogrammierungen und der daraus folgende Entwicklungsprozess sind es auch, die körperlich und geistig jede Form zu dem entstehen lassen, die sie jetzt ist.

Bezieht man diese Betrachtung auf den menschlichen Entwicklungsprozess, dann gehören auch Lebensbetrachtungen und Erkenntnisse dazu. Deshalb werden einige den Inhalt des Buches auch als absoluten Unsinn bewerten.

Natürlich sind selbst die in diesem Buch genannten Erkenntnisse nicht das Ende der sogenannten Fahnenstange der Erkenntnisentwicklung. Es wird viele Leserinnen oder Leser geben, die den hier genannten Überlegungen und Erkenntnissen ihre Bausteine hinzufügen und sie sogar korrigieren können. Und das ist auch der Sinn dieses Buches.

Hier entstehen auf der Grundlage von bereits vorhandenen Erkenntnissen, mittels eines entsprechend programmierten Gehirns, neue und eventuell andere Erkenntnisse, welche dann wiederum der Gemeinschaft-allem-Denkenden als Bausteine zur Verfügung stehen, um das allgemeine Bewusstsein aller Dinge zu entwickeln.

Übrigens gilt auch hier, dass alle Informationen im Universum bereits vorhanden sind. Nur müssen diese mit dem entsprechenden Schlüssel aufgeschlossen werden. Die jeweilige Entwicklungsstufe unseres Gehirns ist einer der Schlüssel.

Der Mythos, dass der Mensch das einzig Denkende sei, mag einzeln und aus dem Ego-Bewusstsein betrachtet richtig erscheinen, trifft aber nicht die Wahrheit.

Nervensysteme und Gehirne übertragen und verarbeiten Daten. Tiere, Pflanzen und sogar Mineralien tun dies. Genau genommen sind alle Dinge untrennbar miteinander verbunden. Letztlich funktioniert so das gesamte Universum.

Das bedeutet für mich, dass es ohne das Eine kein Ganzes und ohne Ganzes kein Eines gibt.

Mancher wird sich fragen: Kann man die einzelnen Bewusstseinsebenen der einzelnen Dinge überhaupt erkennen? Man ist doch selbst nur ein Bewusstsein, das die Dinge aus seiner Bewusstseinsebene betrachtet.

Berücksichtigt man bei der Betrachtung des zuvor genannten Modells vom Ganzen und vom Einen, kann man die Bewusstseinsebenen erahnen.

Dieses Erahnen ist übrigens der Vorteil eines analogen Denksystems. Man kann es nicht auf den Punkt genau bestimmen, man kann sich nur annähern und ein verschwommenes, aber schon in seinen Grundformen dargestelltes Bild erkennen.

Die Lehrer und Lehren dieser Welt gehen davon aus, dass das wahrnehmende Bewusstsein die Grundlage, genauer gesagt, das unmittelbar dem Ursprung aller Dinge am nächsten Liegende ist. Der Ursprung aller Dinge ist dabei nicht etwas Separates, sondern das große Ganze, besser gesagt: Alles zusammen ist ein Geist, eine Substanz oder auch Matrix genannt. Die Taoisten nennen es das Tao, die Religiösen den jeweiligen Gott. Dass die Gläubigen ihrem Gott eine Art Persönlichkeit anhaften, ist, wenn es richtig verstanden wird, nicht falsch und sogar ein gutes Hilfsmittel. Nur leider wird es missbraucht und für Machtzwecke benutzt. Nicht umsonst sind bei vielen Religionen göttliche Bildnisse verboten.

Um die Sache auf den Punkt zu bringen, stelle ich folgende Frage: Kann man den Geruch von Rosen mahlen, ohne eine Rose zu malen?

Eine eventuelle bildhafte Darstellung wird vermutlich nur dem Maler selbst zuteil, alle anderen können nur am Bildtitel erkennen, was es darstellen soll.

Ja, hier begeben wir uns in den Bewusstseinsbereich der sogenannten Erleuchteten, Realisierten und der auf eine sehr hohe Erkenntnisebene gelangten Meister. Romantischer würde es klingen: Wir gehen ins Reich des Nirwana. Wer hier weiß, genauer gesagt, erahnt, um welches Ding oder Nichtding es sich handelt, welches der Weise als Bewusstsein bezeichnet, kann sich vermutlich getrost zu den Meistern gesellen.

Diese Erkenntnis stößt an die Grenzen unseres Denkvermögens. Es ist also vorwiegend der Entwicklungsstand unseres Gehirns geschuldet, der uns hier die Grenzen setzt.

Durchaus kann es Wesen geben, die da schon weiter sind, und wenn die Kausalität es zulässt, werden wir als Menschen auch in derartige Regionen vordringen. Wie zuvor erwähnt: Das Weltall ist nicht nur da draußen.

Die Künste des Menschen

Kunst ist Kreativität, die von jeder Form erschaffen werden kann oder durch deren Existenz dazu beiträgt. Vermutlich besitzt nur das menschliche Gehirn die Möglichkeit, eine Form, als Kunstwerk zu bezeichnen und zu bewerten. Wobei aber Kunstformen bei anderen Formen auch ähnliche Reaktionen wie beim Menschen auslösen können.

Generell sind die meisten Formen kausal gezwungen, alle Sachen zu beurteilen und ihnen einen Wert zu geben. Denn nur so kann eingeschätzt werden, ob von diesem Ding oder dieser Sache eine Gefahr ausgeht, denn die Gefahr geht immer einher mit Vernichtung.

Mit dem Erkennen und der Bewertung sowie der emotionalen Einordnung speichert das Gehirn die Situation und kann in Zukunft ähnliche Situationen beurteilen.

Wie erwähnt, speichert das Gehirn dies nicht nur allein auf der Wissensebene, sondern auch auf der emotionalen. Nur funktioniert der emotionale Speicherprozess etwas anders, als beim Speichern von Wissen.

Das Gehirn merkt sich bei emotionalen Informationen, mit welchen Nerven es die jeweilige Drüse ansteuern muss, um entsprechende Hormone und andere Botenstoffe auszusenden, die dann wiederum, auch mit Benutzung des Gehirns, das jeweilige Gefühl erzeugen.

Bei der Erfassung von Kunst ist der Mechanismus, der gleiche, nur geht es hier um das Gefühl für eine sichere Umgebung, welches für die Erholung und Regeneration unbedingt notwendig ist. Dieses Herstellen des Gefühls eines sicheren Umfelds erzeugt ein wohltuendes Gefühl. Dieses Gefühl erzeugen auch bestimmte Gegenstände, Bilder und andere künstlerische Formen.

Die Herstellung des Gefühls für ein sicheres Umfeld, kann man übrigens auch bei Tieren beobachten, bevor sich diese an einem geeigneten Platz, zum Ausruhen niederlassen.

Da höre ich schon den Einwurf der Künstler, dass in der Kunst auch Hässlichkeit, Gefahr und Vernichtung dargestellt werden. Aber auch diese Dinge dienen der

Erzeugung des Gefühls eines sicheren Umfelds. Hier wird das Pferd nur von hinten aufgezäumt.

Diese, sagen wir, unerfreulichen Dinge lassen das Gehirn, aufgrund des dauerhaften oder übermäßigen Empfanges von Gefahr, über den zuvor genannten Mechanismus, Unmengen von Adrenalin und anderen Stoffen ausschütten. Die Übersättigung bewirkt, dass nach der Beendigung des negativen Gefühls, eine Unmenge an Glücksgefühlen oder beruhigenden Gefühlen zur Gegensteuerung entsteht, welche wiederum dem sicheren Umfeld zugutekommt.

Dies betrifft auch sexuelle Handlungen jeglicher Art, hier ist es nur umgekehrt. Beim Sex werden übermäßig viele Lustgefühle erzeugt, die eine Art Überreizung verursachen, welche muskuläre Reaktionen und auch starke Glücks- und Entspannungsgefühle auslöst. Die Übermächtigkeit dieser Gefühle ist kausal bedingt so angelegt, damit Vermehrung, Erhaltung und Entwicklung der Art gewährleistet sind.

Aus meiner Sicht ist das Handeln unter extremer Lust, gleichzusetzen mit dem Handeln unter Drogen. Leider hat dieses ständige Suchen nach einem sicheren und geborgenen Ort sowie übermäßigen Glücksgefühlen auch eine negative Seite.

Das Bedürfnis nach diesen guten und sicheren Gefühlen ist so stark angelegt, dass es auch jegliche Art von Sucht erzeugt. Der permanente Lernprozess des Gehirns hat durch die Suche herausgefunden und erkannt, dass es auch mithilfe von chemischen Mitteln und durch Übertreiben von bestimmten Aktionen diese Gefühle bekommen kann. Dabei kann es dazu führen, dass die dahinterliegende Gefahr als zweitrangig eingestuft, verdrängt und die Sache so stark übertrieben wird, dass dies dann nicht zum Erhalt, sondern eher zur Vernichtung führt. Übrigens: Die Sucht kann jegliche Handlungen legitimieren, auch Handlungen, die der Gemeinschaft schaden, sodass diese um der Selbsterhaltung willen geeignete Maßnahmen einleitet.

Aus alledem erkenne ich, dass auch die Kunst ein kausaler Prozess ist, der zur Erhaltung, Vermehrung und Entwicklung der Formen dient. Er ist nicht willkürlich entstanden, sondern durch ein nicht willentlich erzeugtes, kausales Auswahlverfahren.

Für die Leserinnen oder Leser, dieses Buches, die die Absicht haben, dadurch Erkenntnis zu erlangen, möchte ich bezüglich der Kunst, noch ein paar wichtige, in diese Richtung gehende, Hinweise geben.

Die Kunst unterstützt zwar sehr stark das menschliche Ego-System, hilft aber andererseits auch, die anderen Bewusstseinsebenen verstärkt wahrzunehmen. Sie hat generell verstärkende Eigenschaften. Sie wirkt auf den Betrachter in der Bewusstseinsebene, in der sie geschaffen wurde. Verstärkend wirkt sie aber nur bei denen, die sich auf derselben Bewusstseinsebene befinden. Für andere Betrachter kann dies sogar das Gegenteil bewirken. Deshalb wird auch um das Thema „Was ist Kunst und was nicht?" gestritten.

Doch wer hier streitet, befindet sich auf der Ego-Ebene, denn die Antwort ist klar. Kunst dient dem Schaffen eines Gefühls für ein sicheres Umfeld, und dies dient der Erhaltung, Vermehrung und Entwicklung der Formen. Der Künstler und der Kunstbetrachter haben keine Wahl, es führt sie kausal zusammen.

Und weil die Kreativität für den Überlebenskampf notwendig ist, ist sie auch eine der stärksten Eigenschaften. Nur der, auch am kreativsten ist, hat die besten Voraussetzungen, um im Wettbewerb der Formen vorn zu liegen, zu überleben und sich besser zu vermehren. Der Künstler und der Betrachter holen sich gegenseitig Inspirationen. Dort, wo diese Bewegung in Resonanz verfällt, entsteht Applaus und Lob vom Betrachter, und dies gibt dem Künstler wiederum Energie, zu weiterer Kreativität.

Die Weiterentwicklung liegt dabei nicht immer nur auf derselben Ebene, sondern bringt den Menschen in eine Art zukünftiges Betrachten der Welt und schafft auch wiederum neue Kunstbereiche und Formen.

Dass der Mensch dabei die Namen der Künstler verewigt, ist auch evolutionär verursacht und lässt die Entstehung und Wirkungsweise des Egos erklären.

Wobei das Ego kein Ding ist, sondern eine Bewusstseinsebene, man könnte es auch Weltanschauung nennen. Das Ego ist notwendig, um die Menschen zu schützen, und dient der Arterhaltung und Fortpflanzung.

Die Familie, die ja eine Bezeichnung, also einen Namen hat, muss sich erhalten. Frauen und Männer suchen zum Überleben, die am besten geeigneten Partner. Leider sind die Eigenschaften der Partner nun mal nicht alle offensichtlich, und so orientiert man sich auch nach dem Ruf des Partners, welcher ja in Verbindung mit dem Namen der Herkunftsgemeinschaft steht.

Man hatte sozusagen vom Namen, der Familie, dem Volk, der Rasse, dem Beruf usw. gehört und eventuell auch schon positive oder negative Bekanntschaften gemacht.

Der Künstler wird, ob er es will oder nicht, immer mit dem Kunstwerk in Verbindung gebracht. Da fast alle Künstler auf der Ego-Ebene arbeiten, können sie dem inneren Zwang, dem Kunstwerk ihren Namen aufzudrücken, nicht widerstehen.

Es erweckt den Eindruck, als ob der Künstler hier eine Wahl gehabt hätte, doch dem ist nur scheinbar so. Was hier erklärt wird, ist einer von vielen kausalen Mechanismen.

Der Künstler, der die Entscheidung trifft, seinen Namen nicht zu geben, tut das aus demselben Grund wie der, der seinen Namen gibt. Der kausale Weg ist nur ein anderer. Es ist also, keine Zauberei in den Dingen, denn nach wie vor ist der Sinn von allem dessen Existenz, wobei es nur kausale Entwicklungen gibt und keine willentlichen Entscheidungen stattfinden, was wiederum kausal so bedingt ist.

Warum geht der Guru nicht zum Guru

Bei fast allen „Gurus" und Weisheitslehrern habe ich gelesen, dass diese, selbst wenn sie eingeladen werden, nicht oder nur aus Höflichkeit zu einem Vortrag eines anderen Gurus gehen würden. „Warum diese Arroganz?", fragte ich mich. Erst mit der absoluten Erkenntnis sah ich, dass es für ihn keinen Sinn mehr macht, noch mal die Gebrauchsanleitung für den Weg zur Erleuchtung erklärt zu bekommen. Schließlich hat er doch schon das Ziel erreicht.

Die Geschichte mit dem Floß, welches man nicht mehr benötigt, wenn der Fluss überquert wurde, trifft die Sache am besten. Wie gesagt, warum dann normal die Gebrauchsanweisung zum Floss-Bau lesen?

Man ist am Ziel angelangt. Aber wie weiß man, dass man es erreicht hat? So unglaublich es klingen mag, aber, man weiß es einfach.

Natürlich ist der Weg zur Erkenntnis nicht einfach. Um das besser darzustellen, möchte ich es noch mal anhand eines Puzzles erläutern. Ein Puzzle besteht aus vielen Teilen, die an eine bestimmte Stelle gehören, damit es ein sinnvolles Bild ergibt.

Und so ist es auch mit dem Erkennen der Wahrheit. Die Puzzleteile sind hier die Informationen und die richtige Lage bestimmt das kausale Auswahlverfahren. Um also das Bild, hier die Wahrheit, zu erkennen, bräuchte man genügend Puzzleteile, die ein Bild erahnen lassen. Leider ist das Universum so groß, dass es fast unzählige Puzzleteile gibt.

Der oder die Suchende muss eine Vielzahl von Informationen sammeln. Das ist nicht nur Wissen, sondern er muss auch die Funktionsweise und damit die kausalen Zusammenhänge erkennen.

Sagen wir es einfach so: Das Gehirn benötigt ausreichendes Wissen und eine entsprechende Konfiguration, um logische Zusammenhänge zu erkennen.

Doch das kommt nicht von allein. Ein passendes Umfeld und ständiges Bemühen sind nötig. Zudem unterliegt alles zusammen noch einer kausalen Entwicklung. Das bedeutet, nicht jeder wird es erreichen. Doch wir wissen nicht, ob wir auserwählt sind. Darum bleibt uns nur eine logische Möglichkeit, und das ist, nicht aufzugeben und dranzubleiben. Das bedeutet zu handeln, denn ohne Handeln wird es keine Erleuchtung geben.

Die besten Chancen haben die, die das Talent haben, sich Wissen anzueignen und logische Zusammenhänge erkennen können. Am schwierigsten haben es natürlich diejenigen, die beides nicht haben. Trotzdem haben beide die gleiche Chance, schließlich entscheidet letztlich das Universum, also das kausale Auswahlverfahren, wer wohin kommt.

Übrigens, diejenigen, die aufgeben, sich verirren oder andere Wege gehen, werden nicht traurig sein, weil sie es einfach so wollten.

Es gibt also Vorbestimmung. Die Vorbestimmung, auch Schicksal genannt, wird von vielen infragegestellt. Besonders bei Motivations-Veranstaltungen oder Coachings wird dies gelehrt, um Neues zu wagen und hinderliche Einstellungen zu korrigieren.

Warum dies selten funktioniert, liegt eben, wie schon zuvor genannt, daran, dass diese Belehrungen nur bei denen fruchten, welche die entsprechende kausale Entwicklung durchlaufen haben. Das zu erkennen, ist fraglich, denn dafür ist unser Wissen und Denken nicht ausreichend.

Jede Situation des Daseins entsteht aus einer Vielzahl von kausalen Komponenten. Es ist fast wie bei den alten Teppichknüpfern. Nur hatten die Teppichknüpfer kein ungefähres Bild vor Augen., wie der Teppich zum Schluss wird.

Die kausale Notwendigkeit bestimmt, wann und wie der Faden geknüpft wird und damit letztlich auch das Bild zum Schluss.

Die Meister erkannten und erkennen den Teppich, in der Computersprache auch Matrix genannt, nicht nur, sie fühlen instinktiv die Wahrheit dieser Erkenntnis.

Warum also etwas erfahren, was man schon weiß? Die Ironie bei dieser Aussage ist, dass sie selbst die Funktionsweise des kausalen Auswahlverfahrens erklärt. Es besteht keine unbedingte Notwendigkeit und damit auch keine Handlung des Gurus. Wer genau hinsieht, erkennt auch keinen Guru, sondern nur Handeln – ja, und den Grund allen Handelns.

Bewegung und Stillstand

Wer schon einige der Kapitel des Buches gelesen hat, weiß bereits, dass es keinen Stillstand geben kann, denn nur durch Bewegung existiert das alles hier.

Bewegung entsteht durch Energien und diese entsteht durch die Polarisierungen. Es ist zwar alles gleichzeitig vorhanden, benötigt aber eine Art Dauer für den Platztausch, welche wir Zeit nennen.

Damit ist die Komponente Zeit den Energien und Teilchen gleichwertig und ein wichtiger Bestandteil des Universums.

Dieses ist vergleichbar mit allen kausalen Dreierkomponenten, welche sich gegenseitig beeinflussen und den Formen ihre Gestalt geben. Je besser sich die drei Elemente im Einklang befinden, desto länger hat die Form Bestand.

Dafür gibt es viele Beispiele. Bei den Religionen ist es der sogenannte Vater oder Gott, der Sohn oder Prophet und der Heilige Geist oder die Erleuchtung. Würde nur der Vater, also Gott, existieren, hätte niemand Kenntnis von ihm und auch der Heilige Geist wäre unbekannt. Es braucht den Propheten, damit Kenntnis erlangt wird und man zur Erleuchtung kommt.

Nun sieht es so aus, als ob Erleuchtung oder der Heilige Geist ein Produkt von Gott und Prophet wäre, aber dem ist nicht so. Der Geist bei den Religionen oder die Erleuchtung, besser gesagt die absolute Wahrheit der Dinge, sind es, welche über oder hinter allem, ähnlich wie eine Matrix, liegen.

Für Materialisten erklärt sich das Funktionieren des kausalen Dreiecks am besten anhand des Herstellens eines Werkstückes.

Hier bilden das Material, das Werkzeug und der Handwerker die drei kausal abhängigen Komponenten. Fehlt nur eine Komponente, entsteht kein Produkt.

Bei der Bewegung, welche Energie, Teilchen und Raum bedarf, ist es nach wie vor genauso. Für Bewegung müssen mindestens drei Komponenten zur Verfügung stehen. Erstens das, was sich bewegt, dann Zeit und Distanz, also Raum.

Und noch ein letztes Beispiel für die drei kausalen Komponenten ist das Feuer. Es braucht einen entzündbaren Stoff, eine dem entsprechende Zündtemperatur und Sauerstoff.

Auch gilt bei allem, dass die Summe der Dinge in einem begrenzten Raum und Zeitfenster immer gleich ist. Das gilt vorwiegend für Energien, Teilchen und Bewegungen. Bildlich möchte ich diese Erhaltungssätze wieder mit einem Baukasten vergleichen. Aus den Teilen kann man verschiedene Formen herstellen, die Summe aller Bauteile im Kasten bleibt aber immer die gleiche.

Der Vergleich trifft es zwar nur grob gesehen, erklärt es aber so am einfachsten.

Die Anwendung von Vergleichen und Gleichnissen ist übrigens eine alte Art, Wissen zu vermitteln, und sie dient als eine Art Dolmetscher.

Wie alle Formen, ist auch die virtuelle Form des Gleichnisses, durch einen kausalen Entwicklungsprozess entstanden und.

Entwicklungsprozesse wie auch Veränderungen sind Bewegungen. Bewegung ist immer gleichzeitig Veränderung, umgekehrt ist es genauso. Wenn man es so will, ist beides eins.

Beispielsweise sind emotionale Reaktionen wie Lachen und Weinen sowie biologische wie Wachsen und Sterben Bewegungen. So betrachtet, gibt es auch keinen Unterschied zwischen Arbeiten und Ausruhen.

Es ist eben unsere menschliche Betrachtungsweise der Dinge, welche die Sachen anders beurteilt. Aber für diese Betrachtungsweise können wir auch nicht, denn sie gehört nun mal zu den kausalen Notwendigkeiten.

Am Ende wird alles gut

Ja, und wenn es noch nicht gut ist, dann ist es auch nicht das Ende. So ähnlich las ich den Spruch auf der Postkarte. Eine Bekannte sagte so etwas Ähnliches zum Leben nach dem Tod. Der Wortlaut war aber eher ein Feiern ohne Ende.

Egal, wie es die Religionen und Esoteriker nennen, ich kann nur der Sache zustimmen. Jesus sagte, dass wir in der Welt Angst hätten, er aber die Welt überwunden habe. Was so viel bedeutet: Er starb bereits zu Lebzeiten.

Es ist in der Esoterik ein sehr beliebtes Thema und stammt ursprünglich aus dem Buddhismus. Die meisten Gurus sind ihrer Ansicht nach bereits gestorben, und das wird durchaus bei einigen auch zutreffen.

Viele Sterbende haben kurz vor dem Eintritt des Todes, soweit sie noch geistig fit sind, eine Erkenntnis. Sie sehen die Dinge so, wie sie wirklich sind.

Ich vermute, dass dies auch jeder von sich behaupten würde, aber dies ist bei vielen leider ein Trugschluss. Wir glauben immer noch, wir seien ein Jemand, dabei sind wir ein Etwas, das geboren wird und stirbt. Denn da ist kein Sterben, so wie es menschlich gedacht wird, sondern ein Zerfall einer Form in ihre Bestandteile, also Teilchen und Energien.

Bei der Entstehung einer Lebensform werden die Teilchen energetisch so zusammengesetzt, dass biologische Makromaschinen, sogenannte Zellen, entstehen. Eine Art Grundprogrammierung wird auch mitgegeben, sodass die richtigen Teilchen an die richtige Stelle kommen und sie funktionieren. Es entsteht eine Maschine, welche aus vielen funktionell notwendigen

Einzelmaschinen besteht, welche Organe genannt werden. Der Prozess muss fast parallel ablaufen, da alles voneinander abhängig ist in sogenannter Symbiose steht.

Dass man später einige der Maschinen ohne Probleme entfernen kann, erklärt, dass auch hier kausal bedingt nicht mehr notwendige Formen nach und nach aus dem Rennen genommen, verändert oder durch geeignete ausgetauscht und später sogar aus der Grundprogrammierung herausgenommen werden.

Mit den körperlichen entstehen auch die geistigen Formen und je nach Entwicklung entsteht eine Identifizierung. Mit dem menschlichen Gehirn und dessen Lernprozessen entsteht die menschliche Denkweise und mit dieser seine, sogenannte, Weltanschauung.

Nun klingt das alles so einfach, aber so ist es nun mal nicht. Mit Muskeln und Knochen entstehen auch die Nerven zur Steuerung, und diese bilden wiederum die Grundlage für eine Gehirnentwicklung. Mit den Nerven entstanden die Emotionen. Ihre Schutzfunktion war es, welche die Emotionen kausal bedingt entwickeln ließ.

Die Angst spielt dabei die Hauptrolle und ich halte sie sogar für die Hauptemotion. Die Angst schafft die schützenden Umstände, damit die Form lang genug erhalten bleibt und sich vermehren und entwickeln kann. Diese Angst ist sehr stark an unser eingebildetes Selbst gekoppelt. Damit ist für den Menschen das Selbst, auch Ich genannt, etwas so Wichtiges, dass er beim Verlust des Gefühls nicht mehr funktioniert.

Hier wirkt kausal ein Schutzmechanismus, der nicht zu durchbrechen ist. Es ist aber kein Mechanismus, der wie eine Mauer funktioniert, sondern es ist eine Art kausalemotionaler Vorgang, welcher den Menschen erst zu dem macht, der er ist. Darum geht er, im Gegensatz zu dem, was einige Gurus behaupten, nicht zu entfernen.

Wenn diese Gurus sich selbst richtig analysieren würden, würden sie es auch erkennen. Der gleiche Mechanismus, welcher den Meister behaupten lässt, dass der Schüler sein, sogenanntes, Ich aufgeben und loslassen soll, ist auch der gleiche, welcher für die psychologische Menschwerdung verantwortlich ist.

Ja, so wie es aussieht, können wir zu Lebzeiten unser Ich nicht aufgeben, aber wir können erkennen, wie das mit dem Ich funktioniert, und uns gelegentlich als das sehen, was wir wirklich sind.

Dieses Sehen „wer wir wirklich sind" erfahren einige wenige schon zu Lebzeiten und manche erst am Ende des Lebens, in der sogenannten letzten Sekunde, und da ist dann alles gut. Denn, das ist der Frieden, welcher aller Vernunft übersteigt, wie es der Pfarrer oft in Predigt und beim Segensspruch ausspricht. Man kennt ihn auch unter den Begriffen „der Friede Gottes" oder „Erleuchtung".

Formlosigkeit

Der Begriff „Form" dient nur zur Orientierung. Denn jede Form setzt sich aus Formen zusammen und ist auch wiederum Bestandteil einer größeren Form. Die Formlosigkeit ist somit, mag es auch paradox klingen, die Eigenschaft aller Formen.

Wenn sich ein Guru als formlos beschreibt, weil er sich aufgrund seines Wissensstandes so empfindet, verlässt er das Menschsein, bleibt aber menschlich, da die Reaktion auf seine Einsicht menschlich ist. Die Konfiguration des menschlichen Gehirns ermöglicht diese Einsicht und auch Reaktion. Das Gehirn, welches diese Erkenntnis für sich realisiert hat, kann dann aber nur die Welt auf dieser Grundlage betrachten und hat das Bedürfnis, dieses Wissen allen mitzuteilen. Dieses Bedürfnis ist ein Mechanismus, welcher durch das kausale Auswahlverfahren entstanden ist, und soll damit die Art schützen. Das ist übrigens die Grundlage jeder Informationsweitergabe, wie es letztlich auch über die Medien erfolgt. Gleichzeitig schafft es für denjenigen, der die Informationen weitergibt, Distanz und Toleranz. Diese Methode wird auch so bei der Psychotherapie angewandt.

Nun nochmals zum Thema des Kapitels. Die formlosen Teilchen mit den formlosen Energien bilden die Grundlage der Formlosigkeit, und alles zusammen bildet als größte Form das Universum. Damit haben die Gurus und Weisheitslehrer recht, wenn sie bei bestimmten Bewusstseinsstadien von einem kosmischen Empfinden reden oder es so beschreiben.

Kommunikation

Kürzlich sah ich einen Film über Bäume. Was besonders faszinierte, war die Funktionsweise ihrer Biomechanismen und Kommunikation. Die Frage, was ist Kommunikation und warum ist sie Bestandteil des Universums, rückt hier in den Mittelpunkt. Kommunikation ist, wie jeder weiß, die

Verbindung zwischen allen Elementen und Dingen und ist durchaus qualitativ auf allen Ebenen gleich.

Wir Menschen, die wir aufgrund unserer Gehirnstruktur eine sehr breite Wahrnehmung und besonders analytische Möglichkeiten der Wissensverarbeitung haben, sind vermutlich in der Lage, viele Kommunikationen zu entschlüsseln und für uns verständlich zu machen.

Die kausalen Mechanismen wirken und sind unbedingte Voraussetzungen der Kommunikation. Eine wesentliche Grundlage ist dabei die Dualität. Ohne diese Dualität gibt es keine Kommunikation. Denn Kommunikation verbindet die verschiedenen Formen zu einer zusammengesetzten Form, welche wiederum Bestandteil der größten Form, des Universums, ist. Die Informationsverarbeitung in unserem Organismus und besonders im Gehirn funktioniert auf die gleiche Weise. Es besteht aus sogenannten Neuronen, und diese können elektronische und chemische Signale empfangen, verarbeiten und weiterleiten. Die Organe sind wiederum mit Nervensträngen verbunden, welche ebenfalls Signale übertragen. Im Grunde ist unser Körper ein kleines Universum. Ich würde sogar behaupten, dass jede Form mehr oder weniger ein kleines Universum ist und das Universum widerspiegelt.

Die Kommunikation ist somit unbedingt notwendig und ein grundlegender Bestandteil des Universums, wie Teilchen und Energien. Das bedeutet also: Ohne Kommunikation gäbe es kein Universum.

Eins und Null, Ja und Nein, Positiv und Negativ sind dabei die ursprünglichen und hauptsächlichen Informationen, welche ausgetauscht werden. Man kann jede

Kommunikation betrachten und wird im Kern diese Botschaften finden. Sie dienen letztlich, wie alles, dem Schutz und der Entwicklung.

Selbst ein Selbstgespräch findet zwischen zwei Formen statt, denn Dualität ist Grundvoraussetzung für Kommunikation. Es benötigt mindestens einen Sender und einen Empfänger. Sender und Empfänger können dabei jegliche Form sein, unterscheiden tun sie sich dabei nur handlungsbedingt. Vom Sender gehen Informationen aus und beim Empfänger gehen sie ein.

Im Falle der Selbstgespräche handelt es sich nur um virtuelle Formen, welche vom Gehirn erzeugt werden und wichtige Voraussetzungen für die menschliche Selbsterkenntnis sind. Der ständige Datenaustausch ist außerdem Voraussetzung für die Datenspeicherung, denn Datenvergleich, Datenbewertung und damit das Denken. Wie man hier erkennt, ist eine ständige Kommunikation notwendig, damit ein Denkvorgang stattfindet.

Der Kommunikationsvorgang verlangt Energie als Antrieb und Teilchen als Transportmittel. Das Fehlen einer Komponente lässt das Ganze nicht funktionieren. Damit findet auch in und zwischen allem, Kommunikation statt.

Der Mensch ist oft überzeugt, er sei derjenige, welcher hinsichtlich der Kommunikation am weitesten entwickelt wäre. Dies ist aber ein Irrtum und seiner oft noch engen Sichtweise geschuldet. Das Universum erfährt sich nicht allein durch seine Spezies, sondern durch die Gesamtheit aller Formen. Mögen sich die Formen auch getrennt fühlen, so sind sie doch alle gegenseitig abhängig. Sie sind die Organe eines Körpers, welchen wir Menschen

Universum nennen. Dabei ist jegliche Handlung richtig und positiv, selbst Handlungen, die aus menschlicher Sicht negativ sind. Das Gute hatte schon mit Beginn des Universums gesiegt, und wer dies hier verstanden hat, weiß auch, dass es nicht siegen muss, denn Siegen setzt Kämpfen voraus und Kämpfen verlangt Dualität. Aber das gehört schon zu einem anderen Kapitel.

Dem Leben auf der Spur

Das kausale Zusammenspiel von Energie und Materie ist Leben pur und erzeugt etwas, das wir Lebewesen nennen. Besonders sichtbar ist das, bei einer Wiederbelebung. Es müssen alle wichtigen Bestandteile des Lebewesens vorhanden sein sowie zugeführt werden. Das kausale Gleichgewicht aller Dinge muss auf dem Punkt hergestellt sein, dann funktioniert das Wesen wieder.

Ob die Wiederbelebung funktioniert oder nicht, ist weder Schuld noch Verdienst, da auch hier das kausale Umfeld die Umstände schafft. Das Leben hat sich sozusagen selbst gerettet oder selbst getötet. Was für sich schon paradox klingt, da das Leben sich weder zu dem erwecken kann, noch kann es dies nehmen, was es selbst ist.

Was, kommt und geht, ist die selbstbezogene Wahrnehmung. Voraussetzung für Wahrnehmung ist das Vorhandensein von Sensoren. Es muss in jedem Fall Teilchen und Energien erfassen können und es braucht einen Informationsspeicher und einen Prozessor, der die Informationen mit vorhandenen Informationen vergleicht und kausal auswählt und mithilfe von Impulsen über Reizleitungen Organe anregt, zu handeln. Dabei gibt es auch wie am Computer einen Arbeits- und einen Festplattenspeicher. Der Arbeitsspeicher erlischt mit dem Abstellen des Stromes, also der Energie. Die wichtigsten Teilchenformationen bleiben im Festplattenspeicher, den sogenannten Genen, gespeichert. Erst durch Energiezufuhr und Aufnahme von weiteren Teilchen beginnen diese sich dann zu entwickeln. Dabei können sich aber nur zusammenpassende Teilchen zu einer Form ergänzen. Es ist dieses kausale Verfahren, das bewirkt, dass nur diejenigen Teilchenkombinationen, welche funktionierende Formen erzeugen, bestehen bleiben.

Damit ist es für mich durchaus möglich, dass schon viel früher, und zwar von Beginn der Entstehung des Universums an, die Weichen gesetzt werden und so auch unser Sein bereits von Beginn der Welt an vorbestimmt ist. Sollte das so sein, trifft diese Feststellung wohl auf alle Dinge zu. Da man aber die unzähligen kausalen Abläufe unmöglich erfassen kann, sieht es so aus, als ob Wahlmöglichkeiten, Zufall und Einfluss existieren würden.

Nun will ich diese Sachen nicht in Abrede stellen und allen sagen: Lasst das Handeln sein, es geschieht doch nur, das, was geplant ist. Doch so ist das allerdings auch wieder nicht.

Denn so wie die Kausalität die Entscheidungen verursacht, so hat sie auch verursacht, dass wir scheinbar willentlich entscheiden sollen. Denn nur diejenigen, welche überzeugt sind, dass sie willentlich handeln, haben die bessere Überlebenschance. Natürlich haben sie trotzdem keine Wahl, denn die Kausalität lässt keine zu.

Wie gesagt, dass wir der Meinung sind, dass wir die Handelnden sind, haben wir dem Entwicklungsstadium unseres Gehirns zu verdanken. Denn die Möglichkeit der Selbsterkennung, wie sie der Mensch besitzt, ist aus meiner Sicht eine der höchsten Wahrnehmungsformen. Sie ist aber auch eben nur wieder eine Form von vielen Wahrnehmungsformen, in welcher sich das Göttliche selbst wahrnimmt.

Alles ist Schöpfer und Geschöpf. Auch bei Mineralien, Pflanzen und Tieren gibt es Erkennen, wird Körperlichkeit erfasst, wissentlich überprüft und das Selbst reflektiert, nur dies auf einem anderen Entwicklungsniveau.

Es sind oft die Wissensspeicher und deren Kapazitäten sowie, um es in der Computersprache zu benennen, die Prozessoren und ihre Leistung, welche die Grenzen setzen. Auch funktioniert die ganze Sache ohne das passende und ergänzende Umfeld nicht. Das Gehirn funktioniert auch nur mit einem entsprechenden Energiewandlungsapparat, wie es unser Körper ist, welcher sich aber auch wiederum in einem entsprechend sicheren und mit kompatiblen Energien und Teilchen ausgestatteten Umfeld befinden muss. Fehlen Komponenten, würde alles nicht funktionieren.

Die kausale Entwicklung der Dinge stellt alles an den richtigen Platz oder verändert es so, dass es passt. Darum ist selbst das Sterben oder Töten gleichgestellt mit der Zeugung des Lebens und der Geburt. Hier wird bei der Leserin oder dem Leser Empörung entstehen, und das ist auch gut so, denn die Erschaffung des Lebens besitzt den Vorrang.

Da das Leben aus Energie besteht, besser gesagt, Energie ist, finden Geburt und Tod gleichermaßen statt. Das Leben muss sozusagen, um seiner selbst willen, töten, um zu gebären. Muss bedeutet ja, aber das ist einfach nur, stattfindet. Man kann es nicht verhindern, weil alles nun mal in Bewegung ist.

In den alten Auflagen hatte ich als Grund für diesen Prozess die Entwicklung angegeben. Doch es gibt keinen Grund für diesen Prozess, denn der Prozess findet einfach nur statt und führt zu Entwicklung, aber auch zu Vernichtung.

Wie gesagt, ist Entwicklung für viele Lebewesen notwendig, denn ohne Entwicklung ist für viele Lebewesen kein Überleben möglich.

Die Entwicklung ermöglicht dem Wesen oder Ding, die Konstruktionsmängel zu beseitigen und sich den äußeren Bedingungen anzupassen. Dies alles passiert aber nicht willentlich, sondern kausal. Die Formen, die dies nicht wählen, werden eingestampft und als Bausteine für neue Formen verändert.

Die biblische Beschreibung, dass Gott den Menschen aus Lehm schuf und ihn durch göttlichen Odem zum Leben erweckte, ist eine schöne, symbolische Darstellung. Der Lehm ist vergleichbar mit Materie und der Odem Gottes mit der Energie.

Hier denke ich nicht, dass der Schreiber ein vergleichbar einfaches, der Gemeinheit verständliches Wort wählte, sondern es wird wohl eher dem damaligen Wissensstand entsprechen. Die Einfachheit und die Nähe zur Wahrheit ließen diese Darlegung der Informationen bis heute überdauern.

Da die Darlegung für den aufmerksamen Beobachter klar erkennbar und für den Techniker logisch ist, könnte man denken, es handelt sich hier um keine göttlichen, sondern um eine rein menschliche Information. Doch der Mensch existiert nicht getrennt von allem, sondern, genau wie alle Dinge, ist er ein Element eines großen Ganzen. Damit widerspiegeln alle Medien etwas Göttliches.

Ähnlich wie Kleinkinder, die sich schon, bevor sie sprechen können, ihrer eigenen verständlichen Sprache bedienen, bedient sich hier das große Ganze der menschlichen Sprache. Aber Achtung, auch das ist nicht willentlich, kein Wesen steckt hier dahinter, das sich der Sprache bedienen möchte. Es hat sich einfach so kausal entwickelt.

Es ist der momentane Entwicklungsstand dieses Planeten mit seinen Wesen. Der Entwicklungsstand bewegt sich immer nur in eine Richtung.

Mit verschiedenen Vergrößerungsgläsern betrachtet, ist die kleinste Form der Bewegung kreisförmig und räumlich betrachtet spiralförmig. Die spiralförmigen Entwicklungs-schübe winden sich wiederum auch kreisförmig und bilden auch wieder Spiralen. Diese, nennen wir sie Spiral-Spiralen, bewegen sich auch wieder spiralförmig und bewegen sich in größeren Spiralen. Ob dies irgendwann aufhört, denke ich nicht. Ich vermute eher, dass sich zu guter Letzt der Kreis, im Gegensatz zu den Zwischenstufen, wieder schließt, und zwar dort, wo alles begonnen hat.

Das bedeutet aber, dass eine Entwicklung nicht dort aufhört, wo sie begonnen hat, sondern immer eine Stufe weitergeht.

Es findet immer Veränderung statt. Ein Besser oder Schlechter gibt es dabei nicht. Denn dies ist nur eine Bewertung, welche, wie zuvor erwähnt, die Individuen, also die Formen benutzen, um eine Situation zu beurteilen.

Wie gesagt, kann ich mir vorstellen, dass der Anfang auch gleichzeitig der Schluss ist und umgekehrt. Dieses Modell würde sogar die Urknalltheorie (1) bestätigen.

Der kreisförmige Verlauf der Entwicklung wird auch im Traummodell verwendet. Dabei spreche ich von der Ansicht, mancher Philosophen, dass dies alles hier nur ein Traum ist.

Weil die Vertreter dieser Theorie den kreisförmigen Verlauf der Entwicklung bestätigen, besitzt die im Traummodell dargestellte Art und Weise des Entstehens und Vergehens der Welten und Dinge auch eine gewisse Logik.

Dem Menschen erscheinen beide Modelle oft nicht sinnvoll, haben doch beide kein wirkliches Endziel zur Folge.

Anfang und Ende sind aber nur Richtlinien zur Orientierung und bestimmen damit Bereiche, sind jedoch im Großen und Ganzen nicht vorhanden.

Das Entwicklungsmodell ist für mich aufgrund des Vorhandenseins diesbezüglicher Gesetzmäßigkeiten, der Wahrheit am nächsten. Des Weiteren ist hier auch ein Sinn zu erkennen, der das Ziel verfolgt, das große Ganze zu erhalten. Hier trifft der Ausspruch, „Der Sinn des Lebens ist das Leben selbst" den Kern der Wahrheit.

Traum oder Wahrheit

Um das Thema besser zu verstehen, muss ich hier noch mal auf bereits Geschriebenes zurückgreifen.

Wie zuvor erwähnt: Die Entwicklung einer Form ist kein willentlicher Prozess, sondern sie entwickelt sich, weil die eigene Konfiguration und das Umfeld dies nicht nur ermöglichen, sondern vor allem, weil es keine andere funktionierende Möglichkeit gibt.

Hier ist wieder erkennbar, dass es ohne Umfeld, kein Individuum gibt. Umgekehrt wird das Umfeld von den Individuen gebildet, da es schließlich nur aus Individuen besteht.

Die Entstehung der Formen ist ein kausaler Prozess nach dem Null-eins- oder Ja-nein-Ausschlussprinzip. Übrigens: Selbst alle Glücksspiele unterliegen der Kausalität. Die Wahrscheinlichkeitsrechnung ist hier nur ein Näherungsverfahren mit einer sehr groben Betrachtung und Analyse. Die Mathematik ist der Beweis und bestätigt die kausale Entwicklung der Dinge.

Wäre alles nur ein Traum, würden ohne Ursprung Dinge erscheinen und sich verändern. Nicht nur meine Beobachtungen sagen mir hier etwas anderes. Es gibt bereits sehr viele Erkenntnisse von guten Beobachtern und Wissenschaftlern, und viele davon sind logisch erklärbar und haben ihre kausalen Ursachen. Im Traummodell bleibt dagegen die Erde eine Scheibe.

Für einige scheint es, als ob hier willentlich und unerklärlich handelnde Göttlichkeit im Spiel wäre. Nun gut, selbst diejenigen, die daran glauben, wissen nicht, wie das Einwirken funktioniert. Dabei wissen wir, dass jedes Einwirken das große Ganze komplett verändern kann.

Dabei muss auch alles kausal Notwendige getan werden, damit die bereits vorhandene Welt bestehen bleibt. Selbst beim Erschaffen der Welt muss kausal gehandelt werden, denn sonst funktioniert sie nicht. Für das Ego ist das alles eher nicht notwendig. Die Stärke des Gedankens an die Möglichkeit eines willentlichen Eingriffs, ist ein Gradmesser, an dem man erkennen kann, wie tief man sich in der Ego-Ebene noch befindet.

Wobei die Ego-Ebene die am meisten menschliche ist und damit auch diejenige, die man auch Menschlichkeit bezeichnen könnte. Es ist wie die Anzeige einer Uhr. Man erkennt die Zeiger und ihre Bewegungen, sieht aber nicht das funktionierende Räderwerk mit Antriebsfeder und Unruhe, welche für den genauen Ablauf des Ganzen verantwortlich ist.

Man sieht sozusagen meistens nur die Auswirkungen und eventuell noch die Ursache, aber das ist nur eine Ebene. Es gibt hier noch mehrere stoffliche und energetische, welche den ganzen Prozess beeinflussen. Gute Uhrmacher wissen das und wählen entsprechende Materialien und benutzen diese auch kombiniert. Das Erkennen des großen Ganzen bleibt ein Näherungsverfahren, denn die beeinflussenden Elemente sind, zwar in kausaler Ordnung, aber eben unendlich viele.

Wie gesagt, ein willentlicher Eingriff ist nur scheinbar willentlicher, denn schließlich ist auch er kausalen Ursprungs. Die Herstellung einer Atombombe, die genetische Veränderung von Saatgut und das Klonen von Tieren sowie das Pflanzen von Bäumen, die Benutzung der Elektroenergie und die Heilung von Menschen sind genauso göttlich wie die Entstehung der Erde. Wobei der Ausdruck, „göttlich" hier nur Ähnlichkeiten mit dem hat, wie ihn die Religionen benutzen, er aber eher mit dem Wort „Leben" gleichgesetzt ist.

Leben ist nun mal keine Zauberei und auch keine Illusion. Jeder weiß, dass der Zauberer einen Trick anwendet, um den Zuschauer zu täuschen. Die Illusion entsteht daher, dass durch Ablenkung im Handlungsverlauf eine kausale Lücke geschaffen wird, welche dem Gehirn fehlt, um aus den zur Verfügung stehenden Informationen ein sinnvolles Bild zu schaffen.

Die Lücke ist aber nicht leer, sondern enthält eine Information, die zu einem anderen Handlungsverlauf gehört, ähnlich wie zwei sich kreuzende Linien. Wobei die Linien Teil eines Kreises sind. Dieses Modell, ist aber nicht erfunden, sondern es ist der Verlauf aller Informationen, Entwicklungen und Prozesse. Das Leben entsteht sozusagen aus der Kausalität und existiert aber auch nur mit ihr.

Wer hier fragt, warum das so ist, hat die nächste Bewusstseinsstufe nicht erreicht, er steht aber schon fast vor dem Tor. Im Zen-Buddhismus bezeichnet man diese Tore als torlose Tore. Das Tor dient nur als Symbol. Man überschreitet eine gewisse Entwicklungsgrenze. Hier ist es die Erkenntnis und Sichtweise auf die Dinge des Ganzen.

An Stelle des Ganzen könnte man den Ausdruck Leben nehmen, nur irritiert dieser noch ein wenig, da im Ego-Bereich das Leben noch sehr mit alltäglichem Handeln verglichen wird. Leben bedeutet aber Bewegung, wobei Bewegung hier nicht nur eine Tätigkeit ist, sondern auch Entwicklung und Veränderung, Entstehen und Vergehen aller Dinge beinhaltet. Das Leben ist somit ein, die Dinge bearbeitender, permanenter Energiefluss, der im Energieverbrauch und in der -erzeugung vergleichbar einem Perpetuum Mobile (2) ist. Die Entwicklung verläuft kreisförmig. Alle Formen sind bereits vorhanden und werden nur mittels dieser Energien, auf Grundlage kausaler Notwendigkeit umgewandelt.

(1) https://de.wikipedia.org/wiki/Urknall
Als Urknall wird in der Kosmologie der Beginn des Universums, also der Anfangspunkt der Entstehung von Materie, Raum und Zeit bezeichnet.

(2) https://de.wikipedia.org/wiki/Perpetuum_Mobile:
Als Perpetuum mobile (lat. ‚sich ständig Bewegendes', Mehrzahl Perpetua mobilia) werden unterschiedliche Kategorien ausgedachter, nichtexistierender Geräte bezeichnet, die – einmal in Gang gesetzt – ohne weitere Energiezufuhr ewig in Bewegung bleiben und dabei je nach zugrunde gelegter Definition möglicherweise auch noch Arbeit verrichten sollen.

Wahrnehmung

Als Techniker war mein erster Gedanke, dass das Göttliche erst mit dem und nur durch das Menschsein sich selbst erfahren und erspüren würde. Denn der menschliche Organismus besitzt nicht nur die dazugehörigen Sensoren, sondern auch das dazugehörige Gehirn, welches das gespeicherte Wissen analysieren und auch logisch kombinieren kann.

Diese Eigenschaften sowie die analoge Funktionsweise des Gehirns ermöglichen es außerdem, dass auch noch

Dinge in nicht oder nur schwer zu durchschauenden Bereichen erkannt, zumindest erahnt werden können. Denn analoge Systeme, wie Uhren mit Zeigern oder Funkgeräte mit Mittel- und Langwellenempfang können aufgrund ihrer Konstruktion, Informationen zwar nicht so genau wie digitale Systeme, aber dafür tendenziell mitteilen.

Erst mit der zweiten, genaueren Betrachtung erkannte ich, dass der erste Gedanke nicht ganz der Wahrheit entsprechen kann. Denn jede Spezies besitzt ihre eigene evolutionäre, also kausal bedingt entwickelte, körperliche Wahrnehmungs- und Informationsverarbeitungs-Ausrüstung und nimmt dadurch die Welt nur aus deren Perspektive wahr.

Bei uns Menschen handelt es sich eben um ein rein menschliches Erkennen. Da aber letztlich alles im Universum Vorhandene ein Organismus ist, erkennt sich das Göttliche durch alles und in allem und das auf der jeweiligen Ebene, mit deren jeweiligen Art und Weise des Erkennens. Es ist sich somit immer gewahr.

In der letzten Ausgabe des Buches war ich noch der Meinung, dass das Fühlen eines „Ichs", welches seiner Meinung nach selbst Entscheidungen trifft, nur einem Gehirn mit menschlicher Struktur vorbehalten ist. Dem ist aber nicht so. Denn die Wahrnehmung eines Selbst bzw. Eigenwahrnehmung ist mehr oder weniger bei allen Formen grundsätzlich vorhanden, reflektieren dagegen können nur wenige.

Die vom Menschen vorgenommene Unterteilung in höher- oder niederentwickelte Lebensformen möchte ich hiermit infrage stellen. Vermutlich wird diese Beurteilung auf der

Grundlage der vorhandenen Informationsverarbeitung vorgenommen. Die Informationen zu verarbeiten, hat allerdings nur den Zweck, eine Gefahrensituation zu beurteilen und geeignete Gegenmaßnahmen einzuleiten. Hier höre ich den Leser und die Leserin argumentieren: Es gibt doch auch Situationen ohne Gefahrenpotenzial. Hier muss ich leider widersprechen, denn Gefahr ist nicht gleich Gefahr. Zum Beispiel muss Essen beschafft werden. Frieden gehalten, Land oder Wohnraum erworben, Partner gesucht und ausreichend Geld verdient werden. Wenn man alle diese Handlungen auf den Grund geht, wird man deren existenzielle Notwendigkeit erkennen. Selbst Haarschneiden, hier als Beispiel genannt, ist eine solche, denn sie dient der Verbesserung der äußeren Erscheinung und letztlich der Paarung und schließlich der Vermehrung.

„Das ist aber weit hergeholt!", werden einige sagen. Und das ist sogar richtig, doch hier geht's um die ursprüngliche Programmierung unseres Daseins und nicht um die gegenwärtige Betrachtung.

Das Universum ist also eine Art Persönlichkeit, die wiederum aus vielen Persönlichkeiten besteht und die auch wieder aus vielen Persönlichkeiten zusammengesetzt wird. Es handelt sich hier also nicht um ein zentrales „Eines", das willentlich alles steuert, sondern um ein durch und durch aus Energie bestehendes und mittels kausalem Auswahlverfahren Gesteuertes großes Ganzes.

Das sogenannte „Eine" besteht also aus unendlich „Vielem", welches kausal miteinander agiert. Alles, was aus unserer Sicht aussieht wie ein persönliches Handeln, basiert nur auf kausaler Notwendigkeit. Die Erscheinung eines Handelnden ist ähnlich einer Luftspiegelung in der Wüste, auch Fata Morgana genannt. Damit meine ich, dass das Leben keinerlei Persönlichkeit besitzt, alles in allem aber eine sogenannte Persönlichkeit bildet, wobei jedes Ding notwendig ist, da es dort, wo es ist, durch notwendige Kausalität hingebracht wurde. Würde eines fehlen, wäre alles andere auch nicht da.

Um es vereinfacht deutlich zu machen, gebe ich folgende Überlegung mit. Im Wettkampf gebe es ohne den Verlierer keinen Gewinner und infolgedessen keinen Wettkampf.

Der große Administrator

Einleitend zu diesem Kapitel seien noch mal kurz die Elemente der Formen genannt. Die allem zugrunde liegenden Elemente sind Teilchen und Energien. Die stofflichen und virtuellen Entwicklungen der Formen sind unvermeidlich und erfolgen gleichzeitig.

So wie stoffliche Formen aus mehreren stofflichen Formen zusammengesetzt sind, gibt es auch virtuelle Formen, welche aus mehreren virtuellen Formen zusammengesetzt sind. Die Selbsterkenntnis, auch Bewusstsein genannt, besitzt damit jede Form, aber nur virtuelle Formen, welche aus mehreren virtuellen Formen zusammengesetzt sind, besitzen eine Selbsterkenntnis, wie es beim Menschen der Fall ist.

Hinter allem Bewusstsein steht nicht, ein willentlich Handelndes, was alles zusammenhält und alles erzeugt, sondern es handelt sich einfach nur um das sinnliche Erfassen, zu welchem das Universum in der Lage ist. Es ist nichts Separates, sondern das Bewusstsein entsteht kausal aus Allem und unterliegt denselben kausalen Gesetzen.

Naturgesetze sind dabei nicht, etwas, was man einfach festlegen kann, nein, sie sind momentan die einzige Möglichkeit einer Entwicklung. Für mich gilt dies auch, für die von Menschen, scheinbar willentlich festgelegten.

Das Bewusstsein ist eine Form, wie jede andere. Bewusstseinsebenen, wie sie im Esoterischen oft genannt werden, sind abhängig von der Menge und der Struktur der verschiedenen virtuellen Formen in einer virtuellen Form. Die einzelnen virtuellen Formen können sich dabei nicht selbst erkennen. Es verlangt immer mindestens eine zweite virtuelle Form. Beide sind dabei wiederum Bestandteile einer materiellen Form, die sie erzeugt.

Die Menge der virtuellen Formen in einer Form bestimmt die Qualität der Intelligenz der Form. Die Konfiguration der Formen in einer zusammengesetzten Form bestimmt im Wesentlichen deren Qualität. Wobei es keine gute oder schlechte Qualität gibt.

Aus den vielen virtuellen Formen einer zusammen-gesetzten Form entsteht wiederum eine übergeordnete, sogenannte administrative Form. Sie ist das Göttliche im Universum, gleichzeitig aber auch das Universum, das sich selbst erkennt, wie es einige wenige Weisheitslehrer bereits erkannt haben. Da ist nichts, das erschafft, nichts, das steuert, sondern, wie es der Zen-Buddhismus bereits erkannt hat, nur ein Erschaffen und Steuern. Der

Administrator hat also nur die Erkenntnis des Ganzen, wird aber wie alle Formen durch sein Umfeld kausal gesteuert und besitzt wie alles nur scheinbar einen freien Willen.

Schluss

Ich schließe hier mein kleines Werk und beende die informelle Reise in die Welt, so wie sie ist.

Nun könnte man sagen, dass sich Reisen aus vielen Bewegungen zusammensetzt. Ich bin aber der Meinung, dass jede Bewegung eine Reise ist. Die kleinste und erste ist vermutlich die Verbindung zweier Energien.

Doch das hatte ich bereits in einem der vielen Kapitel erwähnt.

Unter anderem gehören Erfahren und Lernen auch zu den Bewegungen.

Da es sich hier um eine Überarbeitung von zwei fast gleichen Büchern handelt, möchte ich noch etwas zu den beiden Exemplaren schreiben.

Wer beide Bücher liest, wird feststellen, dass diese zum größten Teil gleiche Kapitel mit geringfügiger Änderung beinhalten. Grund dafür war, dass dieses Buch hier ursprünglich nur elektronisch und das andere in Papierform erscheinen sollte.

Leider habe ich meine Fähigkeiten überschätzt und die Dynamik der Erkenntnisarbeit unterschätzt, sodass ich mich gezwungen sehe, diese Bücher immer wieder zu überarbeiten.

Da es sich bei der Erkenntnisgewinnung um einen kausalen Vorgang handelt, welcher von notwendigen Korrekturen, Änderungen und Anpassungen angetrieben wird, wird es wohl nicht bei der letzten Überarbeitung bleiben. Hier ist das viel beschriebene kausale Auswahlverfahren in seinem Wirken erkennbar. Damit besitzen diese Bücher eine gewisse Lebendigkeit.

Es handelt sich hier somit um eine Art virtuelle Form, also Gedanken, welche einer materiellen Form, also meiner, entspringen. Hier wirkt alles das, was in den Kapiteln erläutert wird.

Wie jede Form hat diese hier Anfang und Ende, aber auch Unendlichkeit. Die Form selbst hat Anfang und Ende und besteht aus Informationen. Das Sein ist dabei die Wahrheit. Ich nenne es das weiße Blatt Papier oder auch Matrix. Schließlich handelt es sich um die alles zugrunde liegende Liebe. Die Religionen haben dafür ihren eigenen Namen.

Darum empfehle ich der Leserin oder dem Leser, immer die neueste Ausgabe zu lesen, denn wie zuvor erwähnt, sind da nicht nur Korrekturen, sondern auch inhaltliche Änderungen.

Da nicht alles hier aus gelerntem Wissen stammt und einiges von mir erst beim Schreiben erkannt wurde, wird wie immer empfohlen, den Inhalt nicht ungeprüft zu übernehmen.

Dazu ist es hilfreich, dass sich die Leserin oder der Leser wieder in ihren oder seinen vertrauten Denkbereich begibt, damit dieser alles für sich gedanklich sortieren und ein Urteil bilden kann.

Das Anliegen der Bücher ist, es, dem Suchenden Informationen zum Nachdenken zu geben und einen möglichen Weg zu einer Erkenntnis aufzuzeigen. Leider birgt dieser Weg auch Gefahren, aber jeder Forscher weiß, dass man ohne Risiko keine Erkenntnis erfahren wird.